時哉傳家寶 每天5分鐘

儒學家唐瑜凌

陪你讀論語 ①

論語

—— 學而為政

知名學者／講師

唐瑜凌

時哉傳家禮系列—陪你讀論語

目 錄

1　　推薦序　得時而出的陪你讀論語

　　　孔子第七十九代嫡長孫　孔垂長

5　　作者序　訓練自己的面面俱到—斜槓人生的語言

　　　唐瑜凌

▌學而

15　　第一章　經營快樂人生的方法、次第與學問

20　　第二章　用孝悌修身，培養利他胸懷與能力

25　　第三章　培養為人著想的言語和顏色

28　　第四章　每天要反省自己的三件事

34　　第五章　領導人該有的氣度與做法

39　　第六章　人格教育是學習的根本

45　　第七章　經營人際關係的金鑰匙

51　　第八章　讓自己快速提升的方法

56　　第九章　厚道風氣是民富國強的資本

61　　第十章　孔子得聞一國大政的秘密

68　　第十一章　如何稱得上是一位孝子？

72　　第十二章　禮在用時以和為貴

77　　第十三章　待人接物的方法

82　　第十四章　什麼是好學的形象？

87　　第十五章　精益求精　啟發悟性

94　　第十六章　人應該憂患的事情

▌ 為政

101　　第一章　領導人的感化力

105　　第二章　讀書要掌握旨趣與內涵

110　　第三章　為政的方法與效果

114　　第四章　學是充實自己，利益別人

122　　第五章　對父母應循禮盡孝

129　　第六章　子女應知父母所憂

133　　第七章　盡孝更著重敬心

137 第八章 奉侍父母要和顏悅色

142 第九章 孔子的知音

146 第十章 觀察別人的方法

150 第十一章 成為老師的方法

154 第十二章 使自己成為多功能的人

158 第十三章 維持信用與言語價值的方法

161 第十四章 君子與小人有什麼差別？

165 第十五章 學思並重有什麼好處？

169 第十六章 雜學到底好不好？

173 第十七章 怎樣才是真知道？

178 第十八章 保住大福報的超級妙方

183 第十九章 如何成為令人信服的領導者？

187 第二十章 改善人民素質與風氣的方法

190 第二十一章 推展孝悌是辦政治的根本

195 第二十二章 沒有信用到哪裡都走不通

199 第二十三章 守住禮的精神，做法隨時代增減

203 第二十四章 祭祀的心態與勇敢的定義

▌推薦序
得時而出的陪你讀論語

—————— 孔子第七十九代嫡長孫　孔垂長

　　《論語》是記先祖孔子言語之書，由孔子弟子及孔門後學輯錄而成，是儒家的重要經典，影響後世至深至廣，反映了孔子的政治、學術和教育思想，至今仍引領世界潮流。

　　細細翻閱本書，這不是普通的《論語》白話解，而是一本值得珍藏的人生智慧，若能用心靜下來品讀，必能帶給大家不一樣的閱讀體驗。

　　本書除了《論語》白話翻譯、章旨外，更有唐瑜凌老師的重點開解，幫助大家快速了解每一章的概念與精華，還附設提問，讓讀者學習完可以檢核自己所學是否深入，是否能學以致用。

本書雖然是唐瑜凌老師的著作，其實也是李炳南老教授（學生稱其為雪廬老人）傳承的《論語》詮釋學，李炳南教授曾由前清太史莊陔蘭先生的引薦進入孔府，輔佐先祖父 德成公處理孔府事務，並跟隨先祖父的腳步，在那動盪的年代尋求安身立命之道，兩人關係亦師亦友，緣分深厚，我深深嚮往欽佩之。

　　來到臺灣後，李炳南教授續任孔奉祀官府主任秘書，除了堅守奉祀官府的秘書職責，期間也擔任多所學校的教授，更開辦多項利於臺灣發展的文化、教育、慈善事業，特別是弘揚孔子的文化思想，再再都受到先祖父的肯定與嘉許。

　　當年李炳南老教授於「臺中論語講習班」講授《論語》，唐瑜凌老師正式行三跪九叩禮成為老教授的入門弟子，並追隨老人的傳承學習《論語》等經典。

老教授一生兢兢業業，燃燒自己的生命與熱情，終身講學不輟，當時受到先祖父德成公的囑託，九十六歲高齡的老教授為培養後進，再次開設第三期論語班，為中華文化留下一盞明燈。老教授的學生徐自民老師把上課的筆記集結成《論語講要》，當中博參六百八十家《論語》註解，結合老人畢生的經驗閱歷與廣博的學識，成為時代寶典。

而唐瑜凌老師自老教授過世後三十多年來，不斷地藉由不同的授課機會，以《論語講要》為基礎，設立各種主題來講授，廣受海峽兩岸、馬來西亞華僑等文化學習者的好評；更配合時代，成立時哉時哉網路教育學院，以線上教學讓更多有心學習中華文化者，能在世界各地跟隨學習。經過數十載的積累，如今在眾人的期待下，整理分冊出書，這是一本有傳承的好書，能輕鬆閱讀，也能慢慢咀嚼品味，在此特別推薦給大家。

▌作者序
訓練自己的面面俱到——
斜槓人生的語言

　　論語內容看似老生常談，讀者或以為孔子之言過時、空泛或言之無物，殊不知宋朝大學者朱熹說論語是天下第一奇書。《論語》從〈學而〉到〈堯曰〉共計二十篇，是孔子弟子與再傳弟子輯錄孔子的嘉言語錄而成。所謂「論」是討論、評論，「語」是與人交談應答。孔子胸懷天下，開平民教育之先河，其交往談話的對象包括門人弟子、各國諸侯、政治人物、高人隱士、販夫走卒等等，可見孔子並非鎖在象牙塔中臧否是非人物，而是一位走入生活、跨界於諸侯各國、並能深入社會各階層中權衡折中的大時代人物。

作者序

孔子一生傳奇，出生於沒落的貴族世家，立基點與大家相同，自謂：「吾少也賤，故多能鄙事。」而最終他憑藉著後天的好學與努力、廣博閱覽典籍吸取精華，並透過在朝為官、周遊列國十四年歷事練心，展現出對各國國政、風土人情的洞察與了解，甚至曾經捲入各國政治鬥爭中，秉持著推行大道的心志與人情世故的通達，不論處境如何凶險，孔子都能全身而退。

　　只要不合乎道義，對於高官厚祿的禮遇，孔子不曾有絲毫眷顧，一般說「其猶龍乎」，是在不涉及政治的情況下說的，孔子卻是身處其中，讓人感到神龍見首不見尾，莫測高深，猶如顏回讚歎他的老師：「仰之彌高，鑽之彌堅，瞻之在前，忽焉在後」。孔子也非常樂意跟後學分享其內涵與見地，是一位能提攜後進的老師，亦如顏回說：「夫子循循然善誘人，博我以文，約我以禮。」但這些如海般深度的內涵，即便如顏回這樣天資聰穎、聞一知十、最能深探夫子真面目的大才，卻云：

「欲罷不能。既竭吾才，如有所立卓爾。雖欲從之，末由也已。」顏回努力將自己的天分、才能、時間都用在學習老師的內涵上，卻未能達到究竟，像孔子這種千古奇特的人物，實等待大家深入認識。

《論語》除了對談語錄外，更有孔子自發議論處，諸如對各種品德的定義與運用、對人際關係相處的分寸、對道的了解、對禮的分析、對人物的評斷、對命理的看法、對經學扼要處的掌握，都別具一隻眼。透過本書，我們可以抉擇出中華文化的要點，能夠培養知人的能力，經營良好的人際關係，辦事時能掌握關要，經營自己的命運，在形而上的知見中又能夠通達性與天道。

處在今日多變的時代，建立種種思維模式尤為重要，《論語》能夠幫助我們就事論事、客觀評斷，以終身學習的心志，成為一個博學又有實務經驗的人才，能因時制宜發揮大用，並找到文化及各種利生事業的

出路。

　　本書主要參考依據為《論語講要》及《論語講記》。《論語講要》是山東濟南大儒李雪廬老人上課講述的內容，由徐醒民老師整理的筆記，比較就註解的抉擇上琢磨；《論語講記》則是雪廬老人講課，弟子們現場的筆記，較為口語化，重點在經學上的發揮探究。當然，我們也兼採其他坊間大儒的論語註解。為了避免讀者不耐，本書嘗試用貼近時代的語言、條列重點來剖析各章，可作為評斷吉凶禍福的標準，幫助大家累積豐富可觀的人生經驗。

　　在此非常感念我的恩師李炳南老教授（雪廬老人），1948 年他奉命押運山東曲阜孔奉祀官府卷宗行李等二十五箱文物，隻身渡海來臺，續任孔奉祀官德成先生府邸的主任秘書，落地便是終身留步。職務之餘，雪廬老人除了創辦臺中蓮社，還陸續開辦慈光圖書館、慈光

幼兒院、菩提醫院、安老所、明倫月刊社、青蓮出版社等，在文化與慈善事業上多有建樹，而其講學底蘊深厚，我有幸躬逢其盛，沐浴在老師的風采下，命運跟著發生變化，《論語》更是深深影響我，此書不但是十三經的門戶，也是生命的樞機。

回觀孔子所處的時代，是百家爭鳴、混亂的春秋時代，各國勢力競相角逐，跟現在的時空背景也有一些相似處。孔子的國際視野與觀點值得我們借鏡，他像世間精英般能善交朋友，如結交衛國的蘧伯玉、史魚、王孫賈，齊國的晏平仲，楚國的葉公等各國的人才。他也敢於冒險犯難，為推行大道周遊列國時，孔子一行曾在匡地被圍困，在宋國被司馬桓魋追殺，在陳蔡受困七天，最後都能化險為夷。同時孔子也是涉足各領域的博物君子，某國的太宰曾讚歎孔子多能，達巷黨人也曾說無法以一家之名來定義孔子，可見孔子符合今日斜槓人生的定義。孔子的做人處世雖極為務實，然懂得權變，所謂

四十而不惑，無可無不可，更是一般人達不到的境界。

　　總之，不管從什麼角度來認識孔子都能有所得，倘若只把孔子及其言論變成僅是古文化的一支，則是現代人莫大的損失。希望本書能提供時下的年輕人一個正確的人生方向，能培養對時代針貶的眼力。而有心把子弟培養成為人才的老師，也可用本書為藍本。

　　《論語》的文學價值很高，文筆精煉，少言攝多義，三兩句話便能把事情說清楚明白、精準到位，給予我們人生很大的啟發與想像。上述都是孔子遺留下來的龐大文化資產，我抱著利他以及傳習的心態，想要對社會有所貢獻與回饋，便有了論語分篇出版的想法，由衷盼望在大家閱讀、賞析後，都能有所進益與收穫。

學而

第一章
經營快樂人生的方法、次第與學問

子曰：學而時習之，不亦說乎。有朋自遠方來，不亦樂乎。人不知而不慍，不亦君子乎。

—— 1.1

字詞解釋

說：音同「悅」，喜悅。

慍：生氣、怨恨。

白話解釋

孔子說：學習做人的道理，從立志讀書，到圓滿學成聖人，皆不離開學。求學須尋師訪友，對所學要時常練習、複習，當學有所成，就會感到喜悅。

其次，學有所成後，若有志同道合的朋友從遠方來請教，除了樂於將所學發揮外，也樂得天下英才而教之。

而學在自己，用由天命，學成而他人不知，道弘揚不出去，知是天命，君子不怨天，不尤人，不會生氣，也不會發牢騷。

章旨

此章勉人求學，並敘其為學功夫及效驗。

▌唐瑜凌老師開解

一、求學就是要內心有覺悟

《論語》第一篇的第一章，教導我們經營快樂生命的學問、方法與次第。

周朝爵位分公、侯、伯、子、男五等，子曰的「子」或是一種爵位，也是古代對男士的尊稱，類似現代講的「先生」，在《論語》中特指孔子。

孔子說「學而時習之」，這個「學」可以是求學，可以是教學，眼前特別指求學。求學的人，透過學習讓內心覺悟做人處世的道理與分寸，覺悟做事情的次第，覺悟人

生必須博學，要依道而行、依禮而行。學也有「效」的意思，就是學習要有效果，能夠變化氣質，能對治自己的煩惱情緒圓融處世，並使自己修身、齊家，甚至治國、平天下，成為時代的精英與成功的領導人。這樣的學必須要「時習」，也就是學習新知，並時時複習、練習，讓自己銘記不忘。這樣的人思想開闊、生命豐富、講學精彩，真正是「不亦說乎」，真正的快樂從學習而來。

二、人生的兩種快樂都來自學

　　人生的快樂可分兩種，第一種是從學習中發掘內心的喜悅，像久旱逢甘霖，潤澤內心；第二種是學有所成時，「有朋自遠方來，不亦樂乎」，朋友以文會友，互相切磋琢磨，會讓自己的所學更堅固開闊，並發現自己的不足，豐富彼此的學問與知識，互相規過勸善，成為事業的伙伴，成就利益社會的大事業。因此人生的快樂，一種是內心的喜悅；一種是樂得天下英才而教之，是外來的快樂。

三、學由自己，用由天命，君子何慍之有？

　　「慍」是內心不舒服、不高興。學有所成者，其心志是利益大眾、貢獻社會，所以不會賣弄所學，不會被人利用。君子知道「學由自己，用由天命」的道理，所以會用心學習等待時機，即便自己的能力與學問不被人知，不僅在外沒有怨相，內心也沒有不舒服、不高興的感覺，「人不知而不慍」才是真正學有所成、有器度的君子。君子等待時機，時機留給準備好的人，所以時機不到不用生氣，時機到了就能夠好好地運用發揮。

　　一個懂得自學，並懂得跟老師、朋友共學的人，要學會處理自己內心的煩惱，即《大學》說的明明德，是內聖；並學習如何利益社會大眾，即《大學》說的親民，是外王。在中國文化中，有能力處理自己世俗的煩惱，成為出世最高成就者，稱為「聖人」；有能力與心量入世利益普羅大眾的最高成就者，稱為「君子」，學習成為君子、成為聖人，就是學習讓自己有一個圓滿、快樂的人生。

本章提問

一、您喜歡學習嗎？學習為何可以帶來喜悅和快樂？

二、學成但沒有被人看重，如何可以「不慍」？

第二章
用孝悌修身，培養利他胸懷與能力

有子曰：其為人也孝弟，而好犯上者，鮮矣；不好犯上，而好作亂者，未之有也。君子務本，本立而道生。孝弟也者，其為仁之本與。

—— 1.2

字詞解釋

弟：音義同「悌」，敬重兄長，友愛兄弟。

鮮：少。

務：致力從事。

人物介紹

　　有子：姓有，名若，魯國人，孔子弟子。記性佳，好古道。

白話解釋

　　有子說：一個平常孝順父母、善事兄長的人，處在社會中，極少有喜好冒犯在上位者；不喜歡觸犯在上位的人，則必不喜歡作亂，社會由此安寧。君子修道必求其根本，當根本建立後，透過修學可以得到仁道。而孝悌就是行仁的根本。

> **章旨**
>
> 此章教人孝悌修身，乃學仁、行仁的根本。

▋唐瑜凌老師開解

一、有若是誰？

　　本章是有子之言當中最精彩的言論，所以擺在〈學而篇〉的第二章。有子是對有若的尊稱，他是孔門七十二賢之一，學習成效卓越，所以孔子過世後，弟子們曾想推舉他接替孔子的位置。有若不但說話像孔子，連長相都像孔子，《史記》認為有若小孔子四十三歲，《孔子家語》

則記載彼小孔子三十六歲。有若曾在哀公八年（公元前四八七年），吳國起兵伐魯時，加入魯國三百人的夜襲敢死隊，逼退了吳國軍隊，可見他是一位能文能武之人，也顯示出他雖然是後生晚輩，但只要求學熱忱，方向篤定，都能學有所成。

二、學先從仁開始

第一章點出人生最重要的是學習，第二章言學習要從學仁開始，先端正心態，懂得利益別人，人生才有出路。果然有利他的胸懷，學什麼都能利己利人。

三、為人要從孝悌開始

孝悌是人際關係的第一步，孝就是在家能夠奉養父母，包括奉養父母的身與心；悌就是能與兄弟姊妹伯叔嬸姨和睦相處。在家能夠和最親近的家人、家族和諧相處，在外才能與朋友、長官、部屬等外人和睦共處。孝悌者具有感恩心，這樣的人能夠為公發心，所以君子樂於提拔，他人樂於擁護。

四、孝悌可以培養領導統御的能力

孝就是經營家庭的和諧風氣，悌就是經營家族的和諧風氣，與人相處能夠和諧，代表此人有處世的能力，可以成為領導之才、宰相之才。宰相不一定要有很強的專業能力，但是要能調和鼎鼐，像白紙能夠接受各種顏色，像甘草能讓各種中藥發揮藥性，這種能力要從孝悌之道開始訓練，在家庭、家族中培養，出外才能領導人才團隊，創造事業，乃至於發展國家的精英政治。

懂得孝悌之道，就算父母長輩有過失，也會委婉勸諫，同理，當他出門在外，遇到長上有過失時，也會講究善巧的方法，溫婉勸諫，維持和諧，這種人冒犯長上的言行是很少見的。不好冒犯長上卻喜好作亂，有子說沒看過這樣的人。因為這樣的人不會興風作浪，不會為了一己利益危害團隊、危害國家，甚至在國事如麻的時候，還能懂得協調溝通、解決問題，為國盡忠，這就是孝悌之道的好處。

所以古代的君子入朝為官，勸諫國君不被接受，他也不會去作亂，不會像春秋魯國的三家大夫把持國政。但儒

家也不是提倡愚忠，而是「人臣三諫不聽，則其義可以去矣」，此時離開也不會違背身為人臣的道義。甚至當天子已經昏庸無道、泯滅人性時，他還可以替天行道，像武王伐紂、商湯伐桀，都是能夠顧全大義的人。

「君子務本，本立而道生。孝弟也者，其為仁之本與。」這四句話是有子引孔子之言為證。前兩句是古代的成語；後兩句是孔子對古成語發表的議論。想要有行仁的胸懷與能力，要從孝悌開始培養，修身從孝悌開始，如果能夠孝悌，仁道就能產生。可見君子務本的「本」是孝悌，「道」是仁道。

本章提問

一、誰是有子呢？

二、孝悌之人為何不會犯上作亂？

三、「君子務本，本立而道生」，「本」和「道」是指什麼？

第三章
培養為人著想的言語和顏色

子曰：巧言令色，鮮矣仁。

—— 1.3

字詞解釋

巧言：善於辭令。

令色：以容貌取悅人。

鮮：少。

白話解釋

　　孔子說：為了自己的名利，善於辭令、說話巧妙，用種種言語討好對方，又喜歡以容貌取悅於人的人，這種人的仁德很少。

▎唐瑜凌老師開解

一、什麼叫做巧言、令色?

巧言就是說話說得很好聽,他可能很有分析的能力,有辦法顛倒黑白、顛倒是非對錯、混淆視聽,雖然可以討好某一部分的人,對大局卻有負面影響,傷害未來發展。

令色就是臉色很好,臉色好不是壞事,待人接物也講究和藹可親,就像孔子平居時是「申申如也,夭夭如也」,申申如是很正直,夭夭如是很和藹。而此處的令色是以諂媚的方式討好別人,內心的隱微處是為了自己的名利。例如謀求升官發財而討好上級、為了銷售產品而討好顧客,產品卻不是真正的好東西,表裡不一。這樣的巧言令色,孔子很含蓄地說「鮮矣仁」,此人內心中,仁心是很少的。

二、巧言令色為何鮮矣仁？

仁心是為大家著想的心，巧言令色的背後都是自私自利，這種人的仁心當然很少了。

三、君子會有什麼樣的言語跟臉色？

孔門四科中，言語科很重要，說話要顧全大局、善巧方便、切中實地。君子的巧言是言語善巧而且本質實在；君子的顏色是和藹可親，如〈季氏篇〉說的「色思溫，貌思恭」，〈子張篇〉說的「望之儼然，即之也溫」……等等，這些都是君子修養自己的方法。本章告誡我們，不要走向小人的巧言令色；要學習君子的用心正確、本質實在，言語善巧、臉色溫和。正反兩思，幫助我們修正自己也看懂別人。

本章提問

一、什麼是巧言令色？

二、君子言語的善巧、臉色的和藹，是不是巧言令色？

三、什麼是仁心？

第四章
每天要反省自己的三件事

曾子曰：吾日三省吾身。為人謀而不忠乎。
與朋友交而不信乎。傳不習乎。

— 1.4

字詞解釋

省：音同「醒」，反省檢查。

為：替、給。

人物介紹

　　曾子：曾參，字子輿，魯國人，孔子弟子，少孔子
四十六歲，得到傳承。世稱曾子，有宗聖之稱。

白話解釋

　　曾子說：我每天以三件事省察自身：一省為人辦事是

否盡忠、盡全力；二省與朋友交往是否言語有信用，不欺朋友也不欺自心；三省傳習，受師之傳，是否能把學問、文化傳下去？而傳授給學生徒弟，自己有沒有先溫習？反省忠、信、傳習三事都有做到，方能安心就寢。

章旨

此章敘曾子為學的工夫，每日以三事省察自身。

▌唐瑜凌老師開解

一、你認識曾子嗎？

儒家四聖：顏子、曾子、子思、孟子。顏回是復聖，能夠復興中華文化，將孔子之道發揚光大；曾子是宗聖，為傳承孔門道統的聖人，能夠把孔子的智慧傳承給子思；子思為述聖，他作《中庸》講述內聖外王的道統；孟子是亞聖，被認為是僅次於孔子的聖人。四位弟子稱為四配，在各地孔廟大成殿中配享於孔子。

曾子小孔子四十六歲，孔子過世的時候，曾子只有

二十七歲，曾子天資魯鈍，上課都聽不懂，但他卻能夠秉持著「人一能之幾百之，人十能之幾千之」的精神，用百倍、千倍的努力，突破資質魯鈍的瓶頸，成為孔門的入室弟子。孔門入室弟子只有顏淵跟曾子，顏淵早逝，所以要非常感激曾子的傳承之功，才能保留延續中國文化的豐富性、可觀性與綿延性。一個二十七歲的年輕人就能夠傳承聖道，所以年輕人不宜妄自菲薄，只要好好學習，都可以有成就。

二、這三件事情有什麼重要？

曾子每天拿三件事情來反省自己，「三」也可以讀去聲，多次的意思。一省「為人謀」，幫人計畫、參謀、回答提問，例如規劃人生未來，如何辦事等，都要「忠」，盡己之謂忠，這是人生成功的秘密。子思在《中庸》裡把「忠」的思想發揮得更為廣大、深入，叫做「誠」，就是誠心誠意，子思以「誠」來表達中國文化的核心，從善如流、發揮聖道，都是誠心誠意最高段的表現。從善如流是能透過學習，讓人生有內涵、有風采，把別人

的優點轉為自己的特色，並且發揮到極致，詳細內容請看《中庸》。誠心誠意為人謀畫，即便別人不採納，也會感受到你的誠意。

二省「與朋友交而不信乎？」朋友是我們人生中很重要的資產，古人說「在家靠父母，出外靠朋友。」無論是切磋琢磨、進德修業，乃至於與朋友組成團隊共辦事業，彼此志同道合，以文會友，相互砥礪昇進經學上的內涵與各領域的知識，此處的朋友也可以包括老師。

「信」是普世價值，孔子說「人而無信，不知其可也。」一個人如果沒有信用，就像車子沒有汽油般無法發動行走。跟朋友講信用尤其重要，因為朋友間以道相交，彼此誠心誠意地規過勸善、互相扶持、共同奮鬥，如果沒有信用，交情會有裂痕，乃至最後絕交，成為很大的損失。

上述忠與信，都是很重要的人格特質，沒有忠信，就不會有吸引人的人格特質，不會有領導人的人格特質，不會具備能夠發揮能力的人格特質，所以《禮記》中說：「忠信之人，可以學禮。」就是有忠信質地才可以學禮，才懂得各種進對應退的方法，掌握與人相處的分寸，否則所有

的禮儀都很虛偽。

　　三省「傳不習乎？」傳的是內涵與能力，從老師、朋友處學到了內涵跟能力，不但不要忘記，還能有體悟運用並發揮；要傳授給學生時，也要好好的預習、練習、複習，透過「習」才不會誤人子弟，各行各業培養人才，都要依此原則，弘揚經學的人更應如此，不但要建立自己的本質，還要充實自己各領域的能力，才能夠推廣經學，教出優秀的學生。

　　總結曾子反省自己的三件事：1. 誠心誠意替人著想，這是人生成功的秘密。2. 以信相交的朋友，才能互相扶持，共同奮鬥，這是生命最珍貴的資產。3. 傳承、學習、練習，才能培養內涵、培養能力、培養後進，將所學得的寶藏繼續往下傳，利益社會大眾。

三、本章與前章的關係

　　本章與前一章互相呼應，上一章談到巧言令色者很少有仁心，本章更告訴我們，有忠信質地的君子把所學往下傳，讓社會大眾有美好的內涵、豐富的生命，這是行仁最

好的表現。

本章提問

一、誰是曾子？他有什麼重要的貢獻？

二、曾子每天反省自己的三件事情，分別有什麼重要性？

三、君子的仁心與本章有什麼關係？

第五章
領導人該有的氣度與做法

子曰：道千乘之國，敬事而信，節用而愛人，使民以時。

—— 1.5

字詞解釋

道：治理。

乘：音同「剩」，兵車。

白話解釋

　　孔子說：治理一個擁有千輛兵車的大國家，有五種治國的要道。首先辦理國家大事要非常謹慎。再者，對百姓要講信用，人民才能信服。三者，雖富有一國之財，然而財力、物力出自民間，必須節儉使用，則能足食。四者，雖貴居民上，然知民間疾苦，不可驕慢，要時時刻刻把人

民放在心上，愛護他們。五者，要知道農工商各有忙時，不在其忙時役使人民，如此則能足兵。

> ## 章旨
> 此章是孔子論治國之大要，領導之方針。

▌唐瑜凌老師開解

一、做事情要很在意，對百姓要有信用

　　本章「道」也可以讀「導」，也就是領導，春秋時代的大國不以爭戰為主，而是講究禮儀，所以他們的武器不發達，部隊也不多，「乘」專指四匹馬拉的馬車，只要擁有一千輛這樣的兵車，就算得上是大國了，像齊國、晉國、楚國、秦國等。在大國當領導者，要講究的是王道，而不是發展武器與兵力的霸權，孔子絕不贊成以消滅他國來創造自己利益的這種擴張，孔子周遊列國是為了擁護周天子，維護天下的和平，透過共同尊重周天子來抵禦外患，維持華夏文明的興盛。

本章言治理大國的方法，領導人必須「敬事」，對事情要在意，屬下才會認真辦事，尤其關乎民生更要講究，百姓才能安居樂業。

　　「信」是對老百姓講信用，頒布的政策不能朝令夕改，延伸來說，大國跟大國的相處、大國跟小國的相處，無論對內對外，都必須守信用。如果一個大國能夠維護國內的和平，也能夠維持國際間的和平，亂事自然就少了。歷史上戰亂頻傳，多是因為大國不講信用，所以無法維持世界的和平，可見「敬事而信」多麼重要。子貢曾經問孔子為政的道理，孔子告訴他：「足食、足兵、民信之矣」，其中民信就是本章的「敬事而信」，當老百姓認為政府講信用，對政府有信心，就會擁護政府。

二、節用能守財，動機是愛民

　　本章的「節用」就是要讓人民足食，懂得節約用度，避免不必要的開銷，就不會奢侈浪費。從領導者開始推展良好的風氣，自然會影響整個國家，《論語·顏淵》中說：「君子之德風，小人之德草。草上之風，必偃。」上位者

講究節約，老百姓就不會奢侈浪費，國家就會多出很多可用的資源。「節用」還包括不做無謂的建設，把錢花在刀口上，無論是國防、醫療、民生、物質建設，各種開銷都要講究，自然有很多的資源可以保留在緊急時候使用。

「節用」背後的動機是愛人，也就是愛護老百姓，當我們想要利益某人時，心裡的隱微處就是愛他，就像父母愛子女那般。愛人才是辦政治的根本，因為愛人民，所以會對事情敬重、辦事到位、會講信用、節約，以及不辭辛勞地去利益他們。

三、徵用百姓要講究時機

「使民以時」就是講究時機，例如古代農忙時不徵用民力，農閒時，若是豐收則可用百姓三天，持平則用兩天，歉收就只徵用一天，農閒時才會讓老百姓接受軍事訓練。古人說「有文事者必有武備」，治理國家，文化教育是根本，但也必須鞏固國防，這種準備從平時扎根，不妨礙百姓的生產。

為政者能愛護老百姓、又懂得敬事而信、節用資源來

造福百姓，百姓會主動協助政府。《孟子》中說，周文王老年時想修築一座有花園鳥獸、奇花異木的靈臺，老百姓知道文王想要有個花園頤養天年，立刻自動響應，周文王怕百姓操勞過度，要他們適度休息，想不到老百姓自動趕工，很快就把靈臺蓋好了，這就是為政者辦善政最美好的收獲，得民心擁護。

　　本章告訴我們成為大國領導者必須具備的特質，當中包含領導人的能力、胸懷、格局、遠見，這樣的精神也可以用於企業管理、家庭和諧，不僅提升自己的內涵與能力，也能帶給別人生活的快樂、生命的豐富。

本章提問

一、如何才能做到「敬事」？如何能夠得到人民的信任？

二、節用和使民，要注意哪些地方？

三、本章中告訴我們為政中非常重要的核心思想是什麼？

第六章
人格教育是學習的根本

子曰：弟子入則孝，出則弟，謹而信，汎愛眾，而親仁。行有餘力，則以學文。

—— 1.6

字詞解釋

弟：音義同「悌」，敬重兄長，友愛兄弟。

白話解釋

孔子說：求學的人學習必定有老師。所求的學問有先後次第：首先，以充實人格質地學問為本分，包括：一、在家庭必須以愛敬孝養父母，令父母身心俱安，尤以養心為重。二、出外求學，或作他事，則以在家敬重兄長，友愛兄弟方式，對待順從於有德能及年長者。三、必須行為謹慎，言語信實。四、與眾人交往有公德心，平等愛護眾

人。五、交往關係有親有疏，要選擇有仁德的人來親近，親近善知識，遠離惡知識，親君子、遠小人。弟子求學，當先以此五事為本。有前五事的基礎後，有餘力再兼修豐富的學識，方成大器。

> **章旨**
>
> 孔子教人成為弟子的修學法。以德行為本，學識為末。先固其本，再求其末，即先求人格教育，後求豐富的學識。

▎唐瑜凌老師開解

一、本章是著名童蒙教材《弟子規》的綱領

〈學而篇〉第六章大家耳熟能詳。著名的童蒙教材《弟子規》就是根據本章為基礎來發揮議論，引導孩子學習做人的道理。

「弟子」，就是現代人所謂的學生，學生要從「入則孝」學起，從家庭裡的孝道開始學，學習照顧父母的心態、

做法，以及如何讓父母高興等等，這是學習處理人際關係的第一步。如果一個人懂得跟父母相處，建立良好的互動模式，他就能從此處延伸與他人相處之道，這就是人生成功的秘密。

二、「出則弟」是創造家族的和諧，使自己懂得調和之道

在家中懂得尊敬長輩，請教他們，創造家族的和諧；出門在外，就能夠成為調和鼎鼐的大才，創造團體、企業、國家的和諧氣氛。

三、「謹而信」談的是言行上的標準

做人處世、待人接物，一定會牽涉到言語跟行為，而言語必須有信用，信用是眾妙之門。人言為信，一個人所說的話都能夠兌現，別人就會對他生起信心，願意與之合作，就像企業尋找接班人，也都是交給可靠的人。

行為謹慎必須要懂得趨吉避凶之道，內心有趨利避害的想法，能夠分辨什麼該做、什麼不該做，去好的地方、不去不好的地方，如能夠學習、能夠交到好朋友、能夠創

造個人出路的才是好地方。

四、心態上的本質是「汎愛眾」

「汎」是廣泛，當我們廣泛跟大眾相處時，本質是愛他的，愛他的做法包括攝受或是遠離他，親近君子、愛護善人，遠離小人，避免被傷害。與人相處，有時候也必須顯現情緒，比如他做得不好，我要表達不高興，即便這是反面情緒，內心隱微處的動機都是為了愛護他，這樣會讓別人感受到我們的誠意，反而能化干戈為玉帛。

五、親近仁人，是充實自己往上走的方法

「而親仁」是懂得充實自己往上走，那就必須親仁。仁者是能夠充實自己，利益他人的人。我們要親近這樣的人，學習他的內涵、胸懷、見識，學習他做人處世的各種方法，讓自己快速進步。

六、文質彬彬然後君子

有了上述的學習後，還得「行有餘力，則以學文」，

當如此行持後還有時間，再學這些文章。學文首先要學習的是能夠盡孝、出弟、謹、信、愛、親仁的文，這樣的內涵能夠幫助我們建立人格，拓展利人的胸懷並培養能力，尤其是對經學的學習，幫助我們建立正確的心態來學世間各種知識。再者學文中的各類技藝，像是琴棋書畫，或者現代的語文、科技、財經、醫療、天文、物理、化學等等，培養能力可幫助我們成為精英，甚至是帶領精英團隊、解決各類問題，因此能力的培養，需要有好的本質和廣大的胸懷作為基礎。

「弟子入則孝，出則弟，謹而信，汎愛眾，而親仁」告訴我們，任何學問的首要重點是先學文裡面的質，再學習各類技藝。好比學詩，第一步要先學詩中的做人處世與溫柔敦厚的內涵，有餘力再學詩的平仄與吟誦。

本章是一個君子的形象，有好的質地，有文章的熏陶，文質彬彬，然後成為君子，君子是入世中最受歡迎、最能發揮價值的人。

本章提問

一、身為學生，要從哪裡學起呢？

二、學文的次第是什麼？

三、「汎愛眾」在心態上和做法上有何差別？

第七章
經營人際關係的金鑰匙

子夏曰：賢賢易色，事父母能竭其力，事君能致其身，與朋友交，言而有信。雖曰未學，吾必謂之學矣。

—— 1.7

字詞解釋

賢賢：上賢字做動詞，看重的意思；下賢字做名詞，賢德的意思。

易色：易是輕略，色指美色。

人物介紹

　　子夏：姓卜名商，字子夏。孔子弟子，少孔子四十四歲，衛國人，晚年曾設教於西河之上，為魏文侯之師。

白話解釋

子夏說：選擇對象，要重視他的品德，不要只重視他的外貌長得好不好。夫婦是人倫的開端，先端正夫婦這一倫，則其他倫常皆歸於正。

有夫婦，而後有子女，就父子這一倫關係來說，子女事奉父母要能竭盡其力。

出社會作國家公務員，替國君做事，就要講究君臣之倫，選擇明君，忠於國君就是忠於全國人民，把自己都奉獻給全國人民，先公後私。

在外與朋友交往必須講究信實，不論辦事、言語，皆不可欺騙，說話要信實，才是明朋友之倫。

這五倫是為學的根本，如果有人能完善五倫，而稱自己沒什麼學問，我必然說他是學過的。

章旨

子夏強調為學重在實踐人倫之道。

▌唐瑜凌老師開解

一、子夏是何許人也？

子夏小孔子四十四歲，衛國人，孔子在三十歲至五十歲的講學期間，許多人才慕名而來魯國，跟隨孔子學習內聖外王之道，例如衛國的子夏與子貢、陳國的子張、齊國的宰我……，當時交通艱難不便，要翻山越嶺，克服路途的障礙，還有兵荒馬亂危及人身安全，但他們都願意前來學習，可見孔子豐富的內涵以及人格的魅力，本章是子夏學後的氣象。

二、本章談五倫，中國的學問是講究五倫的學問

五倫的學問可以通往外王（修身、齊家、治國、平天下），也通往內聖（格物、致知、誠意、正心），是整個文化的核心思想。

「賢賢易色」，就是要尊重賢德、看輕美色，娶妻娶德。「易」就是輕易一些，換句話說娶妻要重德輕色。婚嫁要重視內涵，少講究外相，因為面貌再漂亮，經過歲月的洗禮也會變老，原來年輕貌美的形象也不見了。

為了保持婚姻的長久，要重德輕色，如此能夠使夫妻在志同道合上組成美滿的家庭，包括彼此對人生、家庭、事業的經營，看法都趨於一致，有助於善教子女，侍奉公婆。

家庭中，父子倫著重的是「事父母能竭其力」，事奉父母親要竭盡自己的心力、體力，如此子女都看在眼裡，古代社會講究三代同堂、五代同堂，子女承歡膝下、耳濡目染，自然能夠「父慈子孝、兄友弟恭」，經營一個和諧的家庭。

出外有君臣關係，「事君能致其身」就是對長官要奉獻一己之力，幫他規劃事情，乃至於共同執行任務，有功勞的時候能夠推尊長官，這是一種和諧之道。假如他是一位有品德、有良心的長官，必定會提拔我們。像舜帝時期滿朝和諧，便是因為大家都互推功勞，互相承擔過失。

朋友倫包括老師，是一起進德修業成為事業的夥伴，無論辦政治、辦教育、辦企業都需要這種朋友團隊，最重要的交往就是「言而有信」，別人才會願意與我們交

往、共學、共辦事業。

以上所講的五倫關係，有夫婦倫、父子倫、君臣倫、朋友倫；唯獨沒有兄弟倫，其實兄弟倫就在父母倫當中，《弟子規》說：「兄弟睦，孝在中」，經營兄弟倫就是經營孝道，因為兄弟和睦相處，父母會非常高興，所以本章雖然講四倫，其實五倫都包括在內。

三、學者必有五倫的內涵

子夏說：「雖曰未學，吾必謂之學矣。」此句有三個意思，第一個是這個人很客氣的說「我沒學」，但子夏說你一定有學，不然怎麼懂五倫的相處之道？正是所謂「有餘力，則學文」，學東西要先學五倫的相處、品格的建立、人生正確方向的經營；再來學才藝與技能，這些能力技藝才不會為圖己利變成害人的工具。第二個是別人說此人沒學，子夏說他一定有學，道理同前，他沒學則不會有這種內涵、風采、見地與善巧方便。第三個是子夏說他沒學，可是他一定有學，因為他的家庭風氣是五倫的經營。所以古代講究家風，子弟耳濡目染就

學會了。

　　「境教」很重要，給予孩子好的學習環境，「蓬生麻中，不扶自直」，與善知識在一起，自然就變成善知識。真學問從五倫教育開始，先培養健全的人格，再充實能力，人生必然走向康莊大道。

本章提問

一、為什麼五倫教育是整個中華文化的核心思想？

二、您想以怎樣的境教培養自己或孩子呢？

第八章
讓自己快速提升的方法

子曰：君子不重則不威，學則不固；主忠信，無友不如己者，過則勿憚改。

1.8

字詞解釋

固：蔽塞，另解為堅固。

憚：害怕、畏懼。

白話解釋

（解法一）

孔子說：君子不莊重則沒有威儀，要透過求學才不會蔽塞不通。必須要親近以忠信為本質的人，並以此擁有忠信人格特質者為我的老師。勿與志不同、道不合的人為友。自己有過失，經過老師朋友提醒，不要害怕困難而不改。

（解法二）

　　孔子說：君子不莊重則沒有威儀，所學則不堅固。欲
其堅固，必須以忠信為主，所學則堅固，其人才能莊重而
有威儀。勿結交與我志不同、道不合的人為友，人有過，
經老師朋友告知，則不要怕難而不改。

章旨
本章言君子所具的品德有五，即莊重、好學、主
忠信、慎交友，及勇於改過。

▋ 唐瑜凌老師開解

一、莊重的人可以贏得信任，使學習堅固

　　君子不是高在雲端的人，而是入世成功者所符合的標
準。說話有信用、有親和力、有忠信的人格特質、有領導
能力，這樣的形象被稱做君子。

　　「君子不重則不威」，君子的莊重表現在言語、行為、
容貌、嗜好等等，換句話說，一個人表現得好才有威儀，

才會得到他人的信任與尊重，這樣的人去領導團隊，容易使人信服。當然，充實自己的領導能力也相當重要。反之，如果一個人不莊重就不會有威儀，容易被輕視，所說的話不被信任，行為也容易讓人產生質疑。

「學則不固」，一個不莊重的人，求學當然不會堅固，因為心定不下來，求學怎麼會堅固呢？能力從求學而來，而求學一定要靜下心投入，才能學得某個領域的知識與概念，所以求學跟穩重有關。

二、學則不固，也可以解釋為學習就不會蔽塞

「固」也可以解釋為蔽塞的意思，就是求學的人不會蔽塞，一個人表裡如一，學習就不蔽塞，能充實內涵、穩定身心，也就能莊重，而顯得有威儀。

三、本章也教我們求學的方法

求學的方法是「主忠信，無友不如己者」。首先要親近忠信的人。現代通常比較強調一個人的能力與親和力，可是如果一個人沒有忠信的質地，能力愈強，愈容

易害人，他的能力與親和力就會令人可畏。孔門講究德行、言語、政事、文學四科，都是為政各方面的能力。儒家並沒有否定能力與親和力的培養，而是講究以忠信為質地。

「無友不如己者」，就是要親近與自己志同道合的朋友，不要結交質地不好的人，《弟子規》說：「小人進，百事壞」。

四、過則無憚改，自己學習才能得益

沒有改正自己，親近善友也不能得到益處。因為好的老師、朋友，一定會對我們規過勸善，如果我們不改過，他們會漸漸疏遠。此外，所學如果不能幫助除掉罪過，便對我們學成君子沒有幫助。

我們可以將罪過理解為「認知偏誤」的結果，偏誤的認知，會造成言行舉止上的罪過。而君子的學習重心，就在於幫助自己除去認知偏誤、改善罪過。

一個人能夠去除認知偏誤，相信不論是老師或同學，都會對他刮目相看，也會樂於與他切磋琢磨、相互提攜、

共學進步；一個人能夠不斷改善缺點、追求無過，必然會有好的前途與未來。

這一章涵藏人生成功的祕密，也告訴我們日用平常該如何生活、如何培養自己成為君子。本章雖有漢儒與宋儒兩種不同的解法，但都可採取，也可以進一步融入時代的觀點，豐富經學內涵。

本章提問

一、在您心中，什麼樣的人是穩重的人？這樣的人，是否就是孔子所謂的君子呢？

二、您覺得應該如何去除認知偏誤和人生的過失與罪惡？

第九章
厚道風氣是民富國強的資本

曾子曰：慎終追遠，民德歸厚矣。

—— 1.9

白話解釋

　　曾子說：父母壽終時，須依喪禮，謹慎治理喪事。父母之喪，以哀戚為重。喪葬之後，須依禮依時追念祭祀，祭則必誠必敬，子子孫孫，都如此追遠祭祀，是為不忘本。國君若能謹慎地辦理父母的喪事，定期祭祀追念祖先，則上行下效，百姓便能慎終追遠，人民的道德自然歸於敦厚。

章旨

曾子論敦厚民俗之道。即居上位的人要重視喪葬和祭祀，不可忘本，才能使社會風氣趨於淳厚。

▌ 唐瑜凌老師開解

一、慎終追遠的意義

　　曾子曾經是各國爭相聘請的人才，楚國曾聘他為上卿大夫，可見曾子不僅有講學的能力，他的才能也得到眾人的認可。

　　孔子的孫子子思（後來孔門四聖之一的述聖），也在曾子的座下學習。曾子不但傳承聖道，也教出聖人，自己又被尊為宗聖，是中華文化史上的關鍵人物。

　　曾子命終之前，表達自己一生無愧於身心，向道的心非常強烈。本章說的「慎終追遠，民德歸厚」，「慎終」就是父母臨命終時要謹慎看待，包括父母生前的照料、病危的照顧，以及過世後如何送葬、守喪等。

　　在古代，父母的身後事，包括其容貌、衣服、供食、住處等都需要講究；父母親的棺木要下葬時，子女要表達依依不捨的情感等禮儀，來表達作為人子女的哀戚之情。

　　古代有所謂「三年之喪」，一般為期二十七個月，但已跨入第三年，故名為守喪三年。子女藉由守喪來表達不忘父母親的孝心，是孝道的追思，叫做「慎終」。

父母死後超過三年，將父母依禮列入歷代祖先的牌位，讓後代子孫得以追思與祭祀，叫做「追遠」，包括春秋祭祀和年終祭祀。祭祀的類型如：墳墓祭祀、家中立牌位祭祀、建祠堂祭祀等。

二、慎終追遠的效果

　　慎終追遠可以凝聚家庭跟家族的團結，領導人還能用祭祀來樹立孝道典範。老百姓的德就從孝道開始歸厚。而上行下效，在上位的領導者以身作則推廣孝道，在下位的追隨者就自然配合，所謂「君子之德風，小人之德草，草上之風必偃」，君子的德行像風一樣，風自東邊吹，草就往西邊倒。上位者營私舞弊，下位者也會跟著偷工減料；上位者若是進德修業，下位者也會跟著斷惡修善。

　　「民德歸厚」，上位者帶動此報本還恩的風氣，百姓不忘本就趨於厚道。不忘本，要從不忘父母親的養育教育之恩，進而推及不忘祖先、緬懷祖先。後代子孫以祭祀來表徵不忘本，小孩看在眼裡，自然也會對父母盡孝。

　　家庭和諧從孝道做起，進一步營造社會善良的風氣與

國家的和諧，百姓自然生起向心力，願意安住於工商百業，甚至推展各種研究發明。所以，歷朝歷代在國家局勢穩定時，各項發明就會出現，只可惜安定的時間不夠多，如果安定的時間夠長，按照儒家的經營方式，各行各業的發展絕對不輸西洋。

在前人的基礎上繼續發展，累積將成可觀的成就；加上重視孝道的好風氣，所發展出來的科技就不至於運用在傷天害理的事情上，就不會造成國際社會的動盪，反之還能維持國際社會的安定。因「民德歸厚」不僅是歸於厚道的不忘本，還是一種關懷他人、創造社會福利、展現世界和平的厚道行動力。

孔子在經營魯國中都時，就曾展現出「路不拾遺，夜不閉戶」的良好治安，老百姓不但不會做出傷天害理的事，甚至還會幫助政府濟貧救孤。當厚道的風氣愈來愈開展，必「近悅遠來」，會吸引很多人到這個國家安居樂業，因為那才是人們嚮往的生活環境。

所以，「民德歸厚」不僅是風氣變好，還能幫助國家發展經濟與科技、網羅人才，成為真正有本質、有外

相的強盛國家，也是儒家經學走入時代所要經營的氣象與特質。

本章提問

一、您覺得現代的喪禮應該怎麼做，才可以符合「慎終追遠」的目的，又能合乎時代的需求？

二、在通訊發達的時代，國界的概念愈來愈模糊，現代儒者應怎麼樣推動以達到「民德歸厚」的目標？

第十章
孔子得聞一國大政的秘密

子禽問於子貢曰：夫子至於是邦也，必聞其政；求之與，抑與之與。子貢曰：夫子溫、良、恭、儉、讓以得之；夫子之求之也，其諸異乎人之求之與。

—— 1.10

字詞解釋

與：於句末讀「魚」，表示疑問。

人物介紹

子禽：名陳亢，字籍，一字子禽，孔子弟子。

端木賜：字子貢，衛國人，少孔子三十一歲。在孔門弟子中，和宰我同列言語科，是廟堂的幹才，辦事通達，曾任魯、衛兩國之相。他還善於經商之道，曾經商

於曹國、魯國兩國之間，富致千金，為孔子弟子中首富。

白話解釋

子禽問子貢：夫子周遊列國，所到之國，必能聽聞其國的政治風俗，是夫子求得的嗎？還是其國君自動說給孔子聽的？子貢回答：夫子外貌溫和、內心善良、外敬內恭、儉約、謙遜，具備這五個德行，令列國國君信服尊敬，所以孔子到臨國家，那些國君、大臣自動來跟孔子商討、請教國家大事，可以說是求而不求，雖是夫子求聞政，實是由人君自己給的。

章旨

此章是子貢解釋孔子了解各國政事的原因，完全由於威德感化而得。

▌唐瑜凌老師開解

一、國政就是國家的大事

陳子禽就是陳亢，孔門七十二賢之一，他內心最佩服的人是子貢，曾私下向子貢說：「你太客氣了，其實不論是悟性、外交能力、對國家的貢獻，老師哪裡是你的對手？」

　　從子禽和子貢的對話，也可以感受出孔子七十二賢位弟子，每個人都有不同的樣貌與性格。

　　這次，陳子禽又私下向子貢提出自己的觀察與好奇：「夫子每到一個國家，一定能聽到那個國家的國政。」國政跟國事不一樣，國事指常態或瑣碎的事情，如法律規章。國政則是大事，比如國家政策、未來方向、如何用人，乃至如何經營風俗、禮樂教化、充實國力、發展外交……等等，都是國家最內幕的事情。孔子周遊列國，不管到哪個國家，一定聽到此國家的國政。在當時，決定國政的人是國君，不是大夫，可見孔子在各國國君心中的地位。

　　「求之與，抑與之與」，子禽想了解孔子得聞國政，是他求來的，還是國君主動告之的？換言之，子禽想要了解：夫子會被重用、請教，到底有什麼樣的內涵與祕密？

　　子貢回答：「夫子溫、良、恭、儉、讓以得之。」這

五個字到現代依然常被引用，儼然已是描述君子的固定形容詞。今天若能學到這五個字的內涵，就有可能改變人生的命運，掌握成功的秘密。

二、孔子的溫良恭儉讓為何可以讓他聽聞國政？

溫：指臉色溫和。孔子是情緒管理的高手，情緒管控在現代是很重要的顯學，也是成功的王道。

良：內心對人很善良，表裡如一。孔子不但外表的情緒控制得好，內心的情緒也掌握得當。

恭：待人臉色溫和，態度尊重，與人交往，別人會把他當知音對待，相處沒有隔閡與距離，且願意向他請教問題。

儉：歷史上很多功臣，為什麼最後被皇帝所殺？其中一種原因，就是這個功臣最後開始濫權、囂張、跋扈、說話不看場合、無所忌憚，最終招致殺身之禍。而儉是能克制自己，此人就算得到重用，也不會踰越本分、營私舞弊，更不會蠅營狗苟、奢靡放縱。換句話說，這個人的認知正確，能夠收斂自己。

讓：是能夠謙讓，意思是懂得培養、栽培、推薦人才，懂得把功勞讓給別人、有成人之美，是經營人才團隊的領導者。在子貢看來，孔子幫助別人不只在言語、行動上提供建議，並能攝持人才團隊來提供援助。

一國的國君果真肯聽孔子的話，用孔子的團隊，這個國家的未來肯定不得了，不但遠能上溯春秋早期的尊王攘夷的和平，甚至近可以幫助東周達到近似西周的盛況。

可惜諸侯只想著強兵霸權、急功近利，不想要追求永續長久的發展，這樣的偏誤在當時就像痼疾難治，因此只能與孔門聖賢們擦肩而過。

三、孔子到底求還是不求？

「夫子之求之也」，孔夫子周遊列國，就是希望能夠幫助各國國君解決為政的問題，所以內心渴求國君能把國政告訴他，讓他來給予建言和解決的方法。

但是「其諸異乎人之求之與」，孔子的渴求跟一般的政客、說客、名利客不同，他是用溫、良、恭、儉、讓五德去求，是沒有爭權奪利的求，不會想從國君身上

撈到好處的求。如果這個國君的質地夠好，真心為人民著想，心懷國家的長治久安，那麼孔子便願意傾囊相授，並領人才團隊鼎力相助。

四、有眼力的旁觀者子貢？

本章，子貢分析孔子到位，他不但從孔子的身上學到很多內涵，還看懂孔子怎麼跟人相處，在周遊列國中展現了什麼氣質，運用了哪些方法。

子貢就是一位很有眼力的旁觀者，有如新聞記者，能從所要採訪的對象身上得到他想要的信息，並將這個對象描摹得淋漓盡致。而他愈親近、愈向孔子學習，也就愈佩服孔子。

難怪孔子過世以後，子貢會用四十二歲到四十八歲人生的最高峰時期，為孔子守喪六年。如果是一個跨國企業的 CEO，這段歲月將是一段事業頂峰時期，可以賺最多錢，結交到最廣的人脈，可是子貢卻用這段黃金歲月為孔子守喪，孔子在他心目中有著什麼樣的內涵與高度可想而知。

本章可以看出中華文化是以仁為主的文化，而孔子就是中華文化的核心；一個國家能經營出人民溫、良、恭、儉、讓的氣象，就是中華文化所要到達的境界，這個國家必能引領世界、創造氣象、改善風俗。

本章提問

一、您是否能從這章經文中，看到中華文化的出路、未來、本質，乃至學習中國文化的目的與意義？

二、一個溫、良、恭、儉、讓的人身處現代，是否仍然能得到他人的敬重與傾心？

第十一章
如何稱得上是一位孝子？

子曰：父在觀其志，父沒觀其行；三年無改
於父之道，可謂孝矣。

———— 1.11

字詞解釋

沒：同歿，過世。

白話解釋

　　孔子說：父親在世的時候，要觀察此為人子的志向，看他是否能夠觀察父親的言行，父親有善行，則承順之，父親有過失時，則勸告之，家裡有重要的事情由父親做主，自己不能獨斷獨行。父親不在世，由長子繼承家長的地位，可以自己做主，這時候要觀察其行為，若守喪三年，哀傷思念猶如父親還在世，且不改父親在世時的老規矩，

如此可以稱得上是孝子。

章旨

孔子談論孝子平時如何諭親於道，守喪三年家中
之諸事，猶父在時之禮規也。

▌唐瑜凌老師開解

一、父親在的時候要看心志

父親在世的時候，要觀察兒子的志向，看他的心志是
否是想學習他人的心志，在家先跟父母親學，出外再跟老
師朋友學。

學習法有三種，第一種是看到他人的優點，並吸取成
為自己的特色。第二種是看到他人的缺點，自我警惕。第
三種是從他人的優缺點中，取其優點，去其缺點，變成自
己的人格特質，發揮所長，施展大用。

父親有什麼優點？認真觀察，有的父親很正直，有
的很誠實，有的很廉潔，有的見義勇為，一定可以觀察

到他的優點。把父親的優點變成自己的特色，就是孝道的開始。

至於父親的缺點，我們要懂得善巧委婉勸諫，幫助他改正過失，「父在觀其志」特別是講有沒有願意跟父親學的心志？在家中有事情要以父親為主，因為他是一家之主，肩負一家的成敗。但為人子女者可以提供建議、計劃、作法，若能如此，那你就是家中很重要的參謀角色。

二、父親過世後要維持家風

「父沒觀其行」，父親過世，換自己做主時，在守喪三年內，要維持家中的老規矩，此處特別講維持父親良善的那一面，像是他的個性、作法、能耐、人際交往等等，所謂的祖德流芳便是把父母親或者是祖先那一輩好的風範保留下來，如此則有助於家風，至於惡習則可屏除。

「三年無改於父之道，可謂孝矣！」懂得回想父母親的恩德、優點、善心、善行，並且維持家風，這才是真正的孝道，才是真正的守喪之道，也是家庭快樂的源頭。而且有時候維持風氣，維持老規矩，反而會有意想不到的收穫。

本章提問

一、您是否觀察過自己的父親，他有什麼優點？

二、什麼是真正的守喪？

三、該如何看待父親的缺點？

第十二章
禮在用時以和為貴

有子曰：禮之用，和為貴。先王之道，斯為美。小大由之，有所不行。知和而和，不以禮節之，亦不可行也。

—— 1.12

白話解釋

　　有子說：禮，講究規矩，不能亂。但在用時，要講究和，以和為貴。先代在位的聖人其為政之道，即是制定禮制，用禮時講究溫和。禮由先王所制立，歷代雖有增損，但以用和為最美。天下事皆用禮來節制而不用和，則於事有所不行。既然知道和為貴，然而專門用和，不用禮來節制，此亦不可行。

▋ 唐瑜凌老師開解

一、有子的學習成就

　　本章可以看出有子的胸懷，難怪有人說有子像孔子一
樣，講出來的話語四平八穩，非常有格局、氣象。

二、以和為貴的禮

　　有子說：「禮之用，和為貴」，禮的運用以和為貴，
換句話說，用禮並非指出他人錯誤、與人格格不入，而是
要以和為主，不會讓人感覺難以相處、共事，所以不管是
跟大官相處或是跟販夫走卒相處，都能一派和諧。有時候
要拘泥於禮，像外交場合；有時候要不拘泥於禮，像與販
夫走卒的相處，不同的場合有不同的依禮進退之道。善用

禮者會經營出和諧的氣氛，被大家擁護、喜歡，大家自然而然願意分享真心話。

「先王之道，斯為美」，先王指堯、舜、禹、湯、文武、周公，這些都是先王典範。「斯為美」就是以「禮之用，和為貴」為美。先王經營的天下，都能讓百姓安居樂業、豐衣足食，風氣良善。禮雖然有很多條文，但要經營的是一個和諧的局面，要從家庭做起，再推廣至社會、國家。

三、用禮不用和的問題

下面有子分兩邊講，一是用禮不用和，「小大由之，有所不行」，無論小事大事，如果只用禮不用和，就會太過拘束於條文，繁文縟節太多，令人感到忐忑不安，動輒得咎，不曉得該如何是好，這樣會導致處處行不通，與人交往有障礙。

四、用和不用禮也有問題

二是用和不用禮，叫做「知和而和，不以禮節之，

亦不可行也」，只知道一味用和，而不以禮來節制也不行，這種和反而會失去長幼尊卑的分寸、事情不分輕重。像是辦事情不跟上級報告，事情就不能推展。不講究婚喪喜慶場合，在婚禮場合悲傷，在喪禮場合嘻笑，會讓人感到錯愕，所以我們參加喪禮時一定要懷著哀戚之情與人同悲，參加婚禮時要把自己的哀戚之情收起來，與人同歡，若不以禮節制，就會與他人牴觸，甚至冒犯他人。

五、懂得禮的意義與內涵，才能發揮禮的大用

如果我們知道禮是和的本質，和是禮的大用，用禮來經營家庭，讓家庭有禮又和氣；用禮來經營團隊、企業、社會，乃至經營國家，既有節奏、有次第，又能夠和諧，豈不美哉！

另外有一種說法是，在用禮時，要把其中的意義說出來，例如結婚的六禮，如果把背後的意義說清楚，每一個步驟都會讓人感到有趣、有味道；反之，若是一味地的執行，而不說明這背後的理由、利益，大家會接受不了，而心生厭煩。所以要思考如何在禮中經營和諧，在和諧當中

維持禮的本質，若能善用，家庭、事業、與人相處都能和諧又富有內涵。

本章提問

一、用禮不用和會有什麼問題？

二、用和不用禮會有什麼問題？

三、用禮時，若能把背後的意義說出來，有何好處？

第十三章
待人接物的方法

有子曰：信近於義，言可復也；恭近於禮，遠恥辱也；因不失其親，亦可宗也。

—————————————————— 1.13

字詞解釋

遠：讀「願」，遠離、避開。

白話解釋

（解法一）

有子說：一個人說話有信用，其信用必須合宜，則言語可以反覆，即便反反覆覆地說，都能說得出去。合宜則守信，不合宜則不必守信，否則招來過失。恭敬別人，一定要有禮數的表現，也就是要合乎禮節，才能遠離恥辱。如果恭敬而不合禮，或為人所輕侮，而不免恥辱。你應當

親近的人，不要對他疏遠，不失對他的親近、尊敬，彼此互相關懷，這樣別人就會認為你這個人值得尊敬。

（解法二）

　　有子說：一個人說話有信用，其信用必須合宜，則言語可以兌現，即反覆思維所說的話是否合宜，合宜則守信，不合宜則不必守信。恭敬別人，一定要有禮數的表現，也就是要合乎禮節，才能遠離恥辱。如果恭敬而不合禮，或為人所輕侮，則不免恥辱。婚姻必須慎重選擇對象，不要失掉可親的人，即不要失掉門當戶對、有品德的人，姻親亦是九族之內，結了婚之後，彼此便成為宗親。

> **章旨**
> 求學不論解行，皆須達而不蔽，達者通權達變，
> 得乎時中。蔽則過與不及，害事害理。
> 此章為有子論待人接物之方，取其達而去其蔽。

▌ 唐瑜凌老師開解

一、信用是否合宜，要用義來檢驗

　　本章首先講信用要合宜，要用義來檢驗信用該不該守，不合於義就不能守信，所以言語可以反覆；反之若信用合宜，言語經過檢驗後就要照辦。

　　信有其本質，說出口的話要兌現，所以不能輕易地說，《論語》上說「君子欲訥於言」，就是君子不要輕易地言語，尤其是承諾的話要檢驗後說。至於問候、探討道理的話，則可以多說。

　　承諾的話說出口，後面還要看是否合義，不合義就要把話收回來，例如承諾要幫忙別人，可是幫忙以後發覺此人是要去做一些不如法的事情，此承諾可以不守。如借錢給他人，結果他要去賭博，如此說出去的言語就可以反悔，這叫「言可復也」。例如答應要栽培此人，可是發覺到他質地有問題，就可以不去教他，否則就像鬼谷子培養龐涓，結果壞亂天下。

二、看重對方，依禮行之，可以遠離恥辱

「恭近於禮，遠恥辱也」，恭敬很重要，看重對方是基本的素養，但行為必須用禮來衡量，所以有時恭、有時不恭、有時必須恭，有時要多恭一些、有時要少恭一些、有時不能恭，都要用禮去衡量。依著身分表現出合宜的舉止，就能遠離恥辱，比如長輩對晚輩不需要太有禮、太客氣；若是晚輩對長輩，則須恭敬。

有時候對人太恭敬了，對方反而會覺得禮節太繁複而不以為然，或看輕我們，或是刻意疏遠，所以此時反而要用禮來節制恭敬。比如到一個不太要求禮節的鄉下地方或落後地區，就不要太講究禮節，而是要跟他們打成一片。

三、親近良師益友，創造家族團結

「因不失其親」的因有兩種意思，一種是依靠，「不失其親」，指依靠應該要親近的人，如良師益友；一種有婚姻的意思，結婚的對象雖為外姓，但也會成為你的親人，對方的兄弟姊妹都是親人。所以習俗上辦母親喪

事時以舅舅為最大，結婚、訂婚，母舅都要坐主桌。宗族的大聯姻，可以造就親族的和諧。本章告訴我們，人生的宗旨與成功的秘密，就是要親近良師益友，團結家族。

本章提問

一、評斷是否要守信用的標準是？

二、恭敬別人是基本的素養，但要用禮來衡量，何時必須要恭敬一些？何時要少恭敬一些？

三、「因不失其親」，有哪兩種解釋？

第十四章
什麼是好學的形象？

> 子曰：君子食無求飽，居無求安，敏於事而慎於言，就有道而正焉，可謂好學也已。

——— 1.14

白話解釋

孔子說：求學修道的君子吃飯不求吃飽，居住不求安穩，因為他所求的道，比吃飯、居住更為重要，樂在道上，安心求學，自然就沒有心思放在食衣住行上面。其次君子做事要敏捷，決定好的事情就要立即去實行，但事先要審慮周詳，說話要謹慎，慎言可使自己守信合義。而君子學若有疑問，則要去請問有道德有專長的人，或懂局的人，求其指正。照以上所說而行，可以說是好學了。

▌唐瑜凌老師開解

一、什麼是君子？什麼是聖人？什麼是至聖？

〈學而篇〉不少內容都講好學，好學要從充實品德開始，並且慢慢了解人生經營的方向，從自己和家庭做起，充實領導他人的學問跟能力，邁向社會，幫助國家走上正軌，使人民生命充滿意義，這就是君子，是儒家入世最高的成就；出世最高的成就是聖人。君子的內涵跟聖人的見地，兩者結合就是至聖，孔子被稱為大成至聖先師。「大成」就是集中國文化之大成，能夠通達百家的精華，整理出人生的方向與出路來培養自己的能力；「至聖」指孔子具有君子的內涵，又具有聖人的見地；「先師」代表孔子是開創平民教育的第一位讀書人，以大成至聖先師的名號

來讚歎孔子，名符其實，孔子當之無愧。

二、君子的志向與生活

　　本章說君子的生活不貪圖享受，因為君子是以培養自己的能力與品德為人生的目標，目的是為了服務大眾，這是君子的人生意義。

三、君子辦事敏捷有成效

　　除了充實品德、能力，在辦事的時候還要「敏於事」，審慎觀察事情，而且具有悟性，因為他事前經過深思熟慮，又有豐富的知識背景，所以在做決斷時能夠很敏捷。包括很快地知道此事情該怎麼辦？由誰來辦？要用什麼樣的能力來辦？先後的次第是什麼？以及要如何分段檢驗事情的成效？事情達到目標是什麼樣的氣象？對這些問題都非常了解，這叫「敏於事」。

四、君子言語謹慎

　　「而慎於言」，言語要謹慎，因為說到就要做到，

而且言語不能得罪小人，言語可以表達內心的體悟，表達對事情的了解，能夠安撫對方不滿的情緒，有太多功效，所以言語要謹慎。

五、辦事要找懂局的人

「就有道而正焉」，辦事情一定要找懂局的人，比如宓子賤在治單父時，他有朋友十一人，老師五人，孔子讚歎宓子賤治單父有聖人的氣象，可惜他是治理一個小縣，如果治理一個大國，必會呈現出堯舜公天下的大治氣象。

「可謂好學」，原來好學是立志的好學、是不求物慾的好學、是能夠辦事情的好學、是謹言慎行的好學、是能夠請教他人的好學。所以君子的好學能夠經世濟民，能夠發揮政治與教育的長才，辦政治讓百姓的生活安定，辦教育讓百姓的生命豐富。

以上是君子好學的樣子，好學讓他具有入世的能力，對於身處這個時代的我們有很大的啟發，學任何事情必須是有用的學習，能夠服務他人，帶給他人出路，這才是真正的好學。

本章提問

一、如何培養自己具備辦事敏捷的能力？

二、好學的形象是什麼樣子？

第十五章
精益求精　啟發悟性

子貢曰：貧而無諂，富而無驕，何如。子曰：
可也，未若貧而樂，富而好禮者也。子貢曰：
詩云：「如切如磋，如琢如磨。」其斯之謂與。
子曰：賜也，始可與言詩已矣；告諸往而知
來者。

— 1.15

白話解釋

　　子貢問孔子：若一個貧窮的人，雖然貧窮，但不會說
不符合事實、諂媚他人的言語，窮而有骨氣；若一個富有
的人，雖然富有卻不驕傲。這兩種人，他們的德行如何？
孔子回答：能夠貧而無諂、富而無驕已經很難得，雖然尚
可，但還比不上一個貧窮的人，能樂在道上，不以貧為憂
苦。如顏回簞食瓢飲，不改其樂，這比貧而無諂更好；一

個富有的人，能夠好禮，對待他人皆能恭敬，這比富而不驕更好。

子貢一聽孔子這麼說，立即領悟孔子之意，便引《詩經・衛風・淇奧篇》「如切如磋，如琢如磨」兩句詩問孔子，樂道好禮，就是詩中所說的切磋琢磨之意嗎？子貢領悟，無諂無驕雖是生質之美，仍有不足，只是保守之善罷了。須能進一步貧而樂道，富而好禮，方能成德，此乃學問之功，是利人之善。猶如骨象玉石經過切磋琢磨，始能成器。

孔子稱許子貢：賜啊，從此可與你談詩了。因為學詩須有悟性，學會詩則能諫往知來，能預知盛衰興亡之事。子貢悟性好，孔子告之以樂道好禮，子貢即知引詩以解其義。

章旨

此章是孔子與子貢論作人的修養，當精益求精，不只是消極的有所不為，更要積極的有所作為。

▍唐瑜凌老師開解

一、子貢悟性高，善於提問

　　孔門裡面弟子悟性好的，如顏回聞一知十，子貢舉一反三；也有悟性差的，如曾子與高柴。從本章可看出子貢悟性高捷，提問深入。

二、貧而無諂，富而無驕，也不容易

　　「貧而無諂」是說貧窮的人不要諂媚討好巴結富貴的人，這其實很難，因為貧窮之人多半志氣低弱，沒有自信心，對生活充滿牢騷，所謂貧賤夫妻百世哀，貧窮的生活是不好過的。所謂「十載寒窗無人問，一舉成名天下知」，很多人都想要脫困貧窮而去讀書，或者從事企業與各種百工技藝，想要找出路而巴結權貴。

　　「富而無驕」，富包括貴，富貴人不驕傲，富是有錢，貴是地位很高，富貴包括權勢、財富、地位、資源。無驕的「驕」可與驕傲一起說，「驕」是對自己很滿意，自我感覺良好，「傲」是有優越感，所以富貴者有時候會看不起貧困的人，氣燄高張又很傲慢。子貢本身就是

富貴之人，而且可與各國國君分庭抗禮，因此他認為富貴者能夠不驕傲就不錯了。

三、還有更高一層樓的境界

「子曰：可也」，孔子回答，這是可以的，但是孔子知道子貢可以更上一層樓，所以又說「未若貧而樂」，不只不諂媚、不討好、不巴結權貴人士，還能樂於道上。在孔門七十二賢裡有貧而無諂的人、貧而樂道的人、富而無驕的人、富而好禮的人，顏回、原憲就是貧而樂道者，公西華就是富而好禮者。《論語》中說顏回的樂道是「一簞食，一瓢飲，居陋巷，人不堪其憂，回也不改其樂」；原憲的樂道是住在破茅屋裡，外面下雨，屋裡也下雨，但是他依然弦歌不輟，這都是貧而樂道的氣象。

「富而好禮」者如周公，他「一飯三吐哺，一沐三握髮」，飯還沒吃完，有賢者來拜訪便把飯吐掉，馬上去招呼客人，頭髮還來不及洗乾淨，就直接用毛巾把頭髮挽住去見客人，這就是富還能夠好禮的形相。禮表現在長幼尊卑，例如卑者恭敬長者，學問差的禮敬學問好

的，能力差的請教能力好的。但好禮更重要的是，縱使我們的能力或學問比別人好，也願意請教別人。

四、想要更上一層樓，要透過切磋琢磨

子貢悟性高捷，便引用《詩經·衛風·淇奧》：「如切如磋，如琢如磨」，「切」是把大石頭切一個大概，「磋」是再磨製，「琢」是細切，「磨」是細部的研磨。例如故宮的翠玉白菜，先將玉石大切，再磨製玉器，細部小切，最後做細部的雕磨，使小白菜與螽斯的紋路呈現，這就是切磋琢磨。求學也是如此，先從大架構學習，慢慢要求細膩，最後明白學問的每一個細節。

「其斯之謂與」，孔子勉勵子貢貧而無諂很好，可是要更進一步的貧而樂道；富而無驕很好，更進一步要富而好禮，子貢就舉《詩經·衛風·淇奧》來證明聽懂了孔子講的這段話。

孔子說「賜也」，子貢姓端木名賜，「始可以言詩矣」，今後可以與你談論《詩經》了，因為「告諸往而知來者」，我告訴你已知的，你可以去體會未知的；當

你告訴我「貧而無諂，富而無驕」，我告訴你「貧而樂，富而好禮」，你即可從中體悟，原來是要更上一層樓去精益求精。能夠體悟別人所說的話，就可以開始學《詩經》，因為《詩經》多處寄情託興，表面上在講草木鳥獸，其實是在講人情世故與興衰存亡，須帶著悟性去體會詩句中更深的道理。

本章子貢善問，孔子善答，子貢有悟性，孔子也勉勵他好好學詩。「溫柔敦厚，詩之教也」，有興趣的人可以讀《詩經》與唐詩，能幫助我們通達人情世故，了解詩人的心志，並在日用平常運用這種言語去表達心聲、描摹內心的體悟，不但說話不傷人，也讓別人知道我們意有所指。

善於說話的人能把話說得得體、精準、委婉、有內涵，讓對方有所啟發與體悟。《易經‧繫辭傳》中說言行是君子禍福的樞機與關鍵，一個善於言語，行為又能講求分寸與次第的人，才是真正轉禍為福的人。

本章提問

一、「貧而無諂，富而無驕」有何困難？

二、「貧而樂」與「富而好禮」是什麼形象？

三、學詩有什麼好處？

第十六章
人應該憂患的事情

子曰：不患人之不己知，患不知人也。

—— 1.16

白話解釋

孔子說：不要憂患別人不知道我，但憂患我不能知人。學為君子，有道而人不知，道不能行，屬於天命，無可憂患；若我不能知人，實為大憂患。不知人的話，為領袖者得不到賢才，求學者得不到良師益友。因為分辨不了賢愚，對於賢者不能親近、任用，對於不賢者不能遠離、退避，是非常大的禍患。

章旨

勉人務實，不貪虛名。

▌唐瑜凌老師開解

一、網路媒體時代，大家都想宣傳自己

　　本章說不必憂患他人不知道我。在這個世間，他人不知道我們，我們就不會被他人所用，尤其現在是網路媒體的時代，很多人都想要宣傳自己，深怕自己不被了解，深怕他人不願跟我們合作而沒有出路，尤其當自己學有所成，他人卻不知道我時是很苦惱的！

二、其實應該擔心的是有沒有真實的內涵

　　其實該憂患的是有沒有自我充實，包括：擁有服務的熱忱、學習的好奇心、善法欲，而且學習是有中心思想的、能夠跨領域、有次第、邏輯分析的學習，是與人切磋琢磨、歷境練心、挑戰困難的學習。如果能夠深入學習，準備好各類能力，一定會在某個機緣被發掘，受到重視。尤其品德又是與人相處的關鍵，相信那時就是真正為他人所用，而且能夠發揮長才，出路無窮。所以「不患人之不己知」，要憂患的是自己還沒有準備好，而準備的方法就是〈學而篇〉的第一章：「學而時習之，不亦悅乎！」

三、還要擔心的是，有沒有看懂別人

「患不知人也」，更進一步是憂患不了解他人，比如不知對方是小人，親近他必受害；不知對方是君子，沒有親近他就不能得益，所以知人很重要。知人包括結婚的對象，要了解對方是否志同道合、門楣相當，門楣相當並不是看對方的錢財，而是看雙方是否合得來，對經營人生的看法是否一樣。在辦事方面也要知人，知道對方的品格、學問、能力，該怎麼來跟他親近學習或合作。辦政治更重知人，像孔子對仲弓說：「先有司，赦小過，舉賢才」，舉賢才就是知人。又如孔子告訴冉求：「舉直錯諸枉」，知人要把人才舉在上面，由人才來領導團隊、企業與國家，國家將欣欣向榮，且能推廣品德教育，提升人民的文化素質與道德水準。

如果從小知道自己的不足，好好與長輩相處，跟團隊切磋琢磨，而且懂得找良師益友、找好的對象，善用憂患的情緒，不該憂患的不要憂患，該憂患的一定要憂患，相信必能辦出好的事業來利益自己與他人。

本章提問

一、您平時會有憂患的情緒嗎？對什麼事情感到憂患呢？

二、什麼憂患是必須的？為什麼？

為政

第一章
領導人的感化力

子曰：為政以德，譬如北辰，居其所，而眾星共之。

──────────────────────────── 2.1

字詞解釋

共：讀「拱」，圍繞。

白話解釋

　　孔子說：國家政治本於道德，辦政治要以德政為內涵，若政治的推行是合理且能利益民眾，則得人民擁護。就好像北極天空無星之處，空體不動，而眾星就在他的四周圍繞。空體譬如人君，眾星譬如大臣與人民。人君安居其所，而得臣民圍繞擁護，實由人君為政以使然。中華文化尊重德行，無論國家領袖，機關首長，甚至為人家長者，皆應

以德為本。

▌唐瑜凌老師開解

一、為政以德，德是品格也是能力

〈為政篇〉大體上都跟為政有關，這是集結《論語》的人有心為之。篇名〈為政〉是從第一章「子曰：為政以德」而來。為政者，總說是一切的領導者，狹義來說指國家的領導人，廣義來說是省級、縣級的領導人。

「德」，以品德為核心，發展各項能力，像是識人的能力、事理通達的能力、對時代了解的能力、帶動風氣的能力等。所以為政者要不斷地進修，充實自己的內涵，學習各領域的知識，以發揮治理的成效。

二、譬如北辰是什麼意思？

為政以德的領導人就像北辰，北辰可以說是北方的星體，或是北極星，或是北極的天空。《論語講要》比較贊成北極天空的講法，代表為政的君王，就像這片天空的體性空寂，無為而治。

三、眾星共之，就是領導人能得到民心

「居其所，而眾星共之」，「共」通「拱」，是圍繞的意思。為政者在其住所，大臣跟人民圍繞著他，表示為政者不但在朝中得到大臣的心，也得到國家的民心，得民心叫做「共之」，表示他的為政廉能專業，能體恤民情，能引導風氣淳厚。

孔子說：「己欲立而立人，己欲達而達人。能近取譬，可謂仁之方也已。」為政者除了把自己培養成人才，更要把人民培養成人才。這樣的國君或領導人在他的住所或機關中，會以政治的力量來辦教育，發揮部屬的長才，給予老百姓外在與內心的出路，所以大臣與人民當然會圍繞著如此有公心的領導者。此時私心的小人就被摒除，

無法為非作歹，使得國家政治清明、民心淳厚、生活安樂、充滿希望。

　　這章特別講領導人要能以身作則、以德服人。以此類推，無論是在家當領導，或在企業、團體、縣級、省級、國家當領導，原則上都能以大公無私的心去利益別人，是非常重要的學習法。

本章提問

一、「為政以德」，德包括哪些？

二、「譬如北辰」，應如何解釋？

三、「眾星共之」，為什麼此為政者能得到大臣與百姓的心？

第二章
讀書要掌握旨趣與內涵

子曰：詩三百，一言以蔽之，曰：「思無邪。」

字詞解釋

蔽：總括。

邪：讀「虛」。《論語講要》：程氏樹德《論語集釋》引《項氏家說》解釋，「思無邪」的「思」字是語助辭。又引鄭氏浩《論語集注述要》，考據《詩經・國風・邶國・北風篇》裡「其虛其邪」句，漢人引用多作「其虛其徐。」邪、徐二字古時通用。《詩傳》「虛，虛徐也。」二字同義。

白話解釋

孔子說：《詩經》三百篇，可以總括在一句詩裡，就是思無邪。思無邪是《詩經・魯頌・駉篇》的一句詩文，

孔子引來總括三百篇詩的意義。思無邪即無虛之意。依此解釋，三百篇詩的本義，都是真情流露之作。

▌唐瑜凌老師開解

一、《詩經》有幾篇？

傳說以前的《詩經》有三千多篇，後來孔子刪掉裡面不合乎風俗淳厚，又不能表達民心的詩，訂為三百一十一篇，其中六篇只有篇名沒有詩詞，所以實際上是三百零五篇，取其整數，稱為「詩三百」。

二、《詩經》的由來

《詩經》三百篇，包括從商朝一直到魯國，邶國、庸

國、衛國、鄭國、齊國、秦國、陳國等各地的詩，採集非常廣泛。《漢書・藝文志》說，周朝天子派采詩官到各地採集詩歌，藉此了解地方風俗。天子或者國君，只要讀詩、聽詩，就可以知道各地民情，以及他辦政治的得失。如果詩表現的是風俗淳厚，代表政治清明、教育成功、可以培養人才、興盛地方。古人說「誦詩聞國政，講易見天心」，聽大家唱《詩經》，就知道那裡的政治辦得如何；講究《易經》，就可知道吉凶禍福的所在，懂得斷惡修善與趨吉避凶，才是真正天意之所在。

三、能否用一句話來概括《詩經》的內涵？

孔子說「一言以蔽之」，「一言」可以是一個字，比如子貢問孔子「有一言可以終身行之者乎？」孔子回答「恕」，終身從恕來實踐，做任何事情都懂得將心比心。一言也可以是一句話，就像本章用一句話概括詩，叫做「思無邪」，「思」是語助詞，沒有意思。「無邪」在《詩經・國風・邶風》篇裡，寫做「祇須」、「期許」、「其邪」，「邪」讀「虛」，因為此處邪跟虛相通，無

虛，就是沒有空虛，表示這些詩都是詩人真情流露之作，不空虛。

《詩經》到了唐朝，演變成近體詩跟古體詩，近體詩講究平仄對仗工整，古體詩則不講究，但都是詩人的真情流露。像杜甫的詩作「國破山河在，城春草木深。感時花濺淚，恨別鳥驚心。」代表他對國家的忠心，盼望國家能夠大治；「丞相祠堂何處尋，錦官城外柏森森」是渴望國君能用賢才，這些都是忠君愛國的思想。李白的「故人西辭黃鶴樓，煙花三月下揚州」是對朋友的思念；王維的「獨在異鄉為異客，每逢佳節倍思親」是兄弟之情；杜甫又以月夜來表達對妻子的思念，所以詩裡面有夫婦、父子、兄弟、君臣、朋友之情，都是表達五倫關係的佳作，若能好好發揚，就能使政治上軌道，風氣導向淳厚，老百姓的快樂自不待言，所以提倡經學，就是辦政治、辦教育的核心思想。

四、孔子讀書可以掌握旨趣

詩的旨趣就是溫柔敦厚、真情流露，能替人家著想。

六經都有其旨趣，《禮》是恭儉莊敬，《樂》是廣博易良，《易》是絜靜精微，《書》是疏通知遠，《春秋》是屬辭比事，孔子讀書能掌握中心思想，通達形而下與形而上，跟一般讀書人不同，所以顏回以「仰之彌高，鑽之彌堅」讚歎孔子。

本章提問

一、《詩經》的旨趣與內涵是什麼？

二、本章用一句話來概括詩，是哪一句話，理由為何？

三、學詩有什麼好處？

第三章
為政的方法與效果

子曰：道之以政，齊之以刑，民免而無恥；
道之以德，齊之以禮，有恥且格。

字詞解釋

道：讀「到」，亦讀「導」，引導、教導。

白話解釋

　　孔子說：在上位者用政治的力量來領導人民，制定施
政條文，令人民遵行，民眾如有不遵行，則用刑罰來整飭
他們，這樣所得的結果，不過讓人民害怕受到刑事的懲罰
而服從政令，然非心服，只是為了苟免刑罰，沒有羞恥的
心理。刑罰只要稍微鬆弛，人民必犯法，而不以為羞恥，
勢必法令滋彰，盜賊多有。

若以道德來領導人民，如人民不從政令，則以禮來整飭他們，如此，所得的結果是人民以犯錯為恥，且誠心歸於正，並擁護政府。

▌唐瑜凌老師開解

一、儒家為政的方法是道之以德，齊之以禮

「道之以政」，道讀「導」，即教導、引導，古音又唸「到」。為政者本身要有德，才有辦法用各種做法來引導百姓。「齊之以禮」，以禮經營孝悌之道、經營五倫之道，有種種做法使社會風氣變好。只有在老百姓不守法，為了保護良善之人，不得已時，才會「齊之以刑」，使用各類或重或輕的刑法處罰，最重的是死刑。

有些人誤以為儒家政治在各朝都是嚴刑峻法，甚至連坐法誅九族，事實上嚴刑峻法從來都不是儒家追求的政治

方式，因為其結果只是「民免而無恥」而已。百姓違犯法令規章的原因，或許是刑罰太嚴苛、生活太苦、風氣太壞，或許是官兵壓榨、官員自己都不守法，所以當百姓偷偷犯罪、走私、違背國家法令的時候，就會想辦法逃避刑法。如果被抓到、被處罰，他只會自認倒楣，而如果能僥倖脫逃，就會覺得高興，甚至與律師串通玩弄法律、顛倒是非，變成貧窮人倒楣、富貴人得以脫罪的內亂，社會「上下交征利而國危矣」。

二、儒家為政的效果就是有恥且格

「有恥」是有羞恥心，「格」是修正，百姓願意以德與禮修正自己。「格」還有來的意思，所謂近悅遠來，因為這樣的政治讓百姓非常有向心力、民風淳樸、肯培養自己，自然會吸引很多人才來進駐與投資，使國家祥和富強。就像舜在位時期，皋陶為大司寇掌管刑獄，到最後監獄都空無一人長滿了草；又像漢文帝的無為治國，百姓豐衣足食、民生樂利，沒有徇私舞弊的事情發生，甚至廢除刑法。

三、要從經典認識真正的儒家思想

　　嚴刑峻法常被誤會為是儒家的政治思想，如果能夠正本清源，從經學去認識儒家、弘揚儒家文化，才是對文化、對風氣最好的保護。

本章提問

一、儒家追求嚴刑峻法嗎？試說明理由？

二、上位者用刑罰來整飭百姓，會造成什麼樣的結果？

三、人民「有恥且格」是什麼意思？

第四章
學是充實自己，利益別人

子曰：吾，十有五，而志于學，三十而立，四十而不惑，五十而知天命，六十而耳順，七十而從心所欲，不踰矩。

— 2.4

字詞解釋

有：音義皆同又字。

踰矩：踰讀「於」，踰越法度。

白話解釋

孔子說：我十五歲就專心求學，心志堅明，所學的是內聖外王之道。至三十歲，所學已成立，學有根柢，非外力所能搖動，但尚不知權變之道，可即可，不可即不可。至四十歲已沒有疑惑，遇事可通權達變，無可，無不可。

到了五十歲，能知天命，知道自己有辦政治、辦教育的天命，當衰周之時，聖賢的大道不能推行已經很久了，學《易經》至此時已有所得，知道自己有弘揚傳承道統的天命。到了六十歲，耳聞他人之言，能順知他人的心意，達到耳根通順沒有障礙的境界。至七十歲，能順從心之所欲而不踰越法度。能順心而為，自然合法，也就是起心動念都不離開道，成就無過失的至聖。

> **章旨**
>
> 此章乃孔子自述其一生由「學」次第成就，孔子雖生
> 而知之，但隱聖同凡，自少迄老的學習，以勉勵
> 後人向學。

▌唐瑜凌老師開解

一、本章是孔子對自己人生的回顧

人老年時都會回顧自己的一生，一般人大概都回憶自己的豐功偉業，這一生的見聞閱歷，喜悲之事等等，孔子卻用

「學」來貫穿他的一生，可見人生最重要的就是學習。

本章告訴我們學的內容、方向、次第、效果。學是充實自己、利益別人，而且能夠通權達變、掌握天命，無論入世或出世都能從無罪到無過，一生達到最高的修為，是完全自利、完全利他，也是人生的價值與意義所在。這種人最能趨利避害、逢凶化吉，最能帶給百姓出路。中國文化以儒學為核心思想，而儒學又以孔子為核心，引導我們成為一個能夠領導世界、莊嚴世界的民族。

二、十五歲立志於內聖外王之學

孔子說：「吾，十有五，而志於學」，並不是指十五歲才開始學，而是從小就一直學。孔子從小就是志向不凡的領導者，三歲時就懂得「俎豆禮容」，帶領孩童們玩宗廟祭祀的遊戲，展現慎終追遠的胸懷，到了十五歲，開始志於內聖外王之道。

孔子的「志於學」是有綱領、有中心思想的，包括經典的學、各種才藝廣泛的學，所以不會學得眼花撩亂、漫無目標。這種學能夠自利利他，成為辦政治跟辦教育

的善政善教之學，這些學是一個聖人、君子之學，是一個領導人的學問，能夠傳承過去的經驗，走入時代、領導時代，開創未來的新局。

三、三十歲見地有所立，不會動搖

「三十而立」，「立」是見地有所立。孔子三十歲時，學問立了根基動搖不了，因為他知道人生的方向與充實自己的方式，雖然學習各類的學問，始終不違背中心思想。就像劉備去見諸葛亮時，諸葛亮年僅二十七歲，但羽扇綸巾，態度謙恭有禮，說話有條不紊，充滿內涵，觀覽天下大事，一看就是才情不凡，品德高尚。

四、四十歲時不迷惑，可以通權達變

「四十而不惑」，「不惑」是不會迷惑，可以通權達變，能夠「反經合義」，表面所作跟經文相反，實際上卻是合乎經文的義理。例如雖然講究仁慈，可是敵國來犯的時候要用兵，表象上看起來是不仁，事實上是保家衛國、保護文化，這才是真正的仁，他能善用時機、

轉危為安、轉變共業，此能力的本質來自於經學的通達。

五、五十歲時知道自己有辦政治跟辦教育的天命

「五十而知天命」，一般人能擁有反省改過、斷惡修善、趨利避害的天命已經很不容易，但是孔子所知的天命不只如此，孔子十五歲就志於學，四十歲就非常通達《易經》，通達《易經》中的通權達變與上下爻互換的變化之道，到了五十歲，他就知道自己有辦政治與辦教育的天命，特別是有辦教育傳承聖道的天命。

孔子五十六歲周遊列國時，「道之不行，已知之矣」，他早知道不會有出路，但是這一趟旅程，能夠幫助弟子們堅固志向，學習做人處世，並在各類情況下運用經學能通權達變，乃至於能夠遇到各國奇才，吸收他們的經驗閱歷。所以回到魯國後，跟著孔子周遊列國的學生都成為治國之才。漢朝的《鹽鐵論》說，七十二賢都是能做諸侯或天子的大夫卿相之才。所以孔子對自己的命運了然於心，知道如何經營才是最有意義與價值的人生。

六、六十歲能聽見對方的心意，匯入自己的中心思想，並利益他人

孔子經過十年的學習，精通經學、技藝、各種能力，再加上周遊列國闖蕩出的能耐，成為「六十而耳順」，「順」字左邊為「川」，意思是像河川那樣的通順；右邊為「頁」，表示人的身形從頭至足。順有三種意涵，第一、我一聽就知道你要講什麼，因為對對方非常了解；第二、我能夠順暢地把所聞匯入自己的中心思想、匯入學習的領域；第三、我能夠觀察眾生的根機，能因材施教、觀機逗教教化之。

七、七十歲可以順從自己的心意，又不會違背規矩法度

「從心所欲」是順從自己的心意，甚至放縱自己的心意。「不踰矩」，矩是法度，指在順從或放縱之中，絕對不會違背禮上的法度，也就是不會有過失，孔子有形而上的通達跟形而下的歷練，才能夠如此。禮包含對經義的通達，使君子入世時，進退應對、說話辦事，都不會違背法度。

君子的修學法除了不會有罪過外，更重要的是不會有過失。所謂有心非名為罪，無心非名為過，沒有過失很難得，《論語》中蘧伯玉「欲寡其過而未能」，想要寡過都不能做到，顏回是「不貳過」，再怎麼努力，過失還是會有，只是大過可除，小過還在，或者是過失犯了，不會再重複犯。但是孔子是出神入化，連過失都不會犯，所以顏回才會說孔子是「仰之彌高，鑽之彌堅」；子貢讚歎孔子是「自生民以來，未有夫子也」；宰我也說：「我觀孔子，堯舜遠矣。」堯舜差孔子差太多了；甚至有先民說「天不生仲尼，萬古如長夜」；當時某國的太宰（相當於宰相）也認為孔子是聖人，可見孔子在當時為政者、讀書人、弟子，乃至於在民間的地位已經是如此崇高，是一位出世的聖人、入世的君子。

　　只可惜沒有一個國家讓孔子有施展政治才華的機會，孔子便以講學、注經以及培養人才來影響千秋萬世。所以歷代的讀書人無不讀孔子書，來做為人生的準繩與價值。本章讓我們深刻的反思經營人生之道。

本章提問

一、本章孔子用什麼來貫穿他的一生？

二、「四十而不惑，五十而知天命」，「不惑」的涵義是？

「知天命」是知道自己有什麼樣的天命？

三、孔子七十歲時，成為無過失的至聖，無過失有多難得？

第五章
對父母應循禮盡孝

孟懿子問孝。子曰：無違。樊遲御，子告之曰：孟孫問孝於我，我對曰無違。樊遲曰：何謂也。子曰：生，事之以禮。死，葬之以禮。祭之以禮。

—— 2.5

字詞解釋

御：駕車。

人物介紹

　　孟懿子：魯國大夫，姓仲孫，名何忌。懿，是他的諡號。

　　樊遲：樊須，字子遲，魯國人，孔子弟子。

白話解釋

　　孟懿子問孝。孔子回答：「無違」，即不要違背其父臨終囑咐學禮之意。不違父教學禮，就是孝道。孔子弟子樊遲為孔子駕車，孔子告訴樊遲說：孟孫向我問孝，我答覆他「無違」。此乃孔子惟恐孟孫不了解無違之意，所以告訴樊遲，以便向孟懿子解釋。樊遲不了解無違的意思，故問孔子是何意，孔子就以生事、死葬、祭祀三句來解釋，即父母生時，為人子者應以禮事奉父母的衣食住等。父母去世時，以禮辦理喪葬之事，如棺槨墓地等都要合乎禮制。喪畢則祭，祭祀所用的祭品皆有禮制。生事、死葬、祭祀皆能以禮，便是盡孝。

> **章旨**
>
> 孟孫、叔孫、季孫，三家皆違禮，故孔子針對魯國三家權臣的違禮，教孟懿子盡孝之道，必須循禮。

▌唐瑜凌老師開解

一、孟孫家與孟懿子

　　魯國出自桓公的三大公族，即孟孫氏、叔孫氏、季孫氏。這三家都是魯國的權臣，且權勢愈來愈大，違禮亂政也愈甚。孟懿子就是孟孫氏的後代，他的父親是孟僖子仲孫貜。《左傳》記載，春秋昭公七年，孟僖子將死，召其家臣，臨終時囑咐其子仲孫何忌從孔子學禮，所以孟懿子在孔門座下有弟子名分。但《史記·仲尼弟子列傳》裡沒有孟懿子，《論語》此章之注，只說孟懿子是魯大夫，不說是孔子弟子。據《劉氏正義》說，孔子仕魯，命墮三家不合制度的都城，獨有孟懿子違命，以致聖人政化不行。《史記·仲尼弟子列傳》不列其名，此注亦不云弟子，當為此故。

二、機會教育很重要

　　本章是孔子的機會教育，含藏著對學生的關愛。會教書的老師在不同場合都可以引導學生，舉凡吃飯、穿衣、出遊等，都是機會教育的時機。教導的方式也很多

樣，可以透過問答闡述義理，可以談論分享心得，或是做中學、學中做，累積經驗閱歷。有時候老師不經意的話語，都會讓學生們產生深刻的印象，甚至因此找到過失，從而改變命運。

教育有時候是在課堂，依著書本學習知識內容，有時候是看場合的學習，這考驗老師的深度，以及對學生的了解與引導方式。這一章孔子對孟懿子的教導，顯示出老師對學生的關愛，善於掌握機會引導他。

三、孝道表現在不違背父親的遺言

孟懿子是魯國大夫孟僖子的兒子，孟僖子曾經跟隨魯君出使，因不懂禮儀而招致他人恥笑，所以他知道禮才能維持貴族的尊嚴，維持家族的風采。孟僖子過世前，囑咐兩個兒子孟懿子與南宮敬叔一定要向孔子學禮。

孟懿子問孔子何為孝道，孔子回答：「不要違背。」表面上的意思是不違背父母的心意和言語，可是如果父母親的教誨不對，或是有缺失，子女也要懂得勸諫，不能一味地順從。

此處的「無違」特別針對孟懿子，也就是不要違背父親要他學禮這件事情。當時魯定公任用孔子，孔子要強公室、弱私家，若公家不強，則魯國沒有辦法立足於國際社會，所以要削弱三家大夫的勢力，以免影響魯國的國政與發展。

孔子墮三都時，本來成功在望，但由於孟孫大夫不接受墮城，使孔子墮三家大夫的都城功敗垂成，所以「無違」還包括講究名分，不要違背國君的政策，特別因為三家大夫都有自己的根據地、軍隊武力和稅收，不把國君看在眼裡，孔子又如何去推展國家大政？所以孔門弟子中，孟懿子跟南宮敬叔都不在弟子之列，因為違背了國家的政策與父親的遺言，且不聽師教，如此入弟子之名是沒有意義的。

四、孔子的機會教育

孔子說了「無違」，知道孟懿子一定不了解，所以趁著樊遲為他駕車時，告訴樊遲無違的意涵，靜待孟懿子與樊遲交流討論。為什麼孔子不當孟懿子的面講清楚

呢？因為一位有分量、有威力的老師，會讓學生們想辦法把老師講的話弄清楚。孔子在孟懿子心目中的分量很重，所以他一定會想辦法請教師兄弟，而樊遲也在魯國作官，他們可能會有交流，這也是孔子的教學法。

「樊遲御」，御是替老師駕車，古代六藝中，「御」就是懂得服務他人的技能教育。

五、「生，事之以禮。死，葬之以禮。祭之以禮」的意義

樊遲曰：「何謂也？」這是孔子故意要引出樊遲的疑問，好讓樊遲碰到孟懿子的時候能夠回答。孔子說無違是「生，事之以禮。死，葬之以禮。祭之以禮。」父母親還在世時，要以禮來事奉，例如晨昏定省、聆聽教誨、有事弟子服其勞，還包括勸諫過錯、招待客人、談吐得體，包括父母親去祭祀時，子女作陪祭者，培養自己的風度。

「死，葬之以禮」，父母親過世時，要依照其身分依禮埋葬，表達對死者的恭敬，表徵死者的地位，包括守喪、緬懷、延續祖德與家的善政，比如孟獻子過世，

孟莊子繼位後，還保留父親的善政。又如殷高宗藉由守喪，將國家大政都設想周全。

當父母親過世三年後，移入列祖列宗的牌位，還要「祭之以禮」。喪葬依照死者的身分行禮；祭祀則依生者的身分行禮。若能好好講究「葬」與「祭」，子女不敢為非作歹，而且會承先啟後、發憤圖強。

本章提問

一、什麼是機會教育？本章孔子的機會教育表現在何處？

二、孟懿子問孝，孔子答以「無違」，真正的意涵是什麼？

三、孔子為何要把與孟懿子的對話轉告給樊遲聽？

第六章
子女應知父母所憂

孟武伯問孝。子曰：父母唯其疾之憂。

—— 2.6

人物介紹

孟武伯：孟懿子的長子，名彘，武是諡號。

白話解釋

孟武伯問孔子怎樣才能盡孝道，孔子回答：子女事奉父母，不能使父母為子女憂愁。父母擔憂子女的事情很多，孝子應該體念父母的心，常以敬慎自居，不敢為非，以免父母憂愁。只有當子女有疾病時，生病而令父母擔憂，這是不得已的，然而疾病也多由私欲所導致，故為人子者當知父母所憂，應當寡欲守身，慎防疾病，順親之心，如此可稱為孝。

▌唐瑜凌老師開解

一、誰是孟武伯？

　　孟武伯是前一章孟懿子的長子，孔子跟孟家有三代的交情，從孟僖子、孟懿子到孟武伯。孟僖子曾經要孟懿子跟孔子學禮，後來孟懿子聯合季孫大夫、叔孫大夫，阻止孔子推行墮都城削減三家大夫權力的政策，所以歷史上並未把孟懿子跟他的弟弟南宮敬叔算成孔門弟子。

　　本章是孔子周遊列國回到魯國，六十八歲以後的事情，當時孟懿子已過世，由孟武伯世襲繼承孟家大夫的地位。貴族大分兩種，一種是吃喝玩樂，貪名放逸享樂型；另一種是在家世中，知道為人處世的重要，要從孝道開始，所以孟武伯向孔子問孝道。

二、唯一能讓父母親擔心的就是疾病

孔子根據不同人同樣的提問，有不同的答覆，針對孟武伯問孝，孔子回答「父母唯其疾之憂」，讓父母親擔心的唯有子女的疾病。

孝道包括口體之養、養志悅親、揚名聲顯父母，為人子女要進德修業，懂得做人處世的道理，好好充實自己，不讓父母親操心。唯一能讓父母親擔心的就是疾病，像是生活作息不正常、飲食不均衡，這些是可以改善的，但若子女善盡養生之道，作息、飲食都講究了，卻還是生病，這會讓父母親擔憂，無法避免。

三、孔子的回答也是針對孟武伯

孟武伯是貴族子弟，比較容易縱慾享樂，孔子的答覆，可能是希望他能懂得養生之道。當然本章也可以是教導全天下的子女，有心要孝順父母，一定要懂得照顧自己，懂得養身、養心。

本章提問

一、孝道包括哪些內涵？

二、為何能讓父母擔心的唯有疾病？

三、孔子為何回答孟武伯「父母唯其疾之憂」？

第七章
盡孝更著重敬心

子游問孝。子曰：今之孝者，是謂能養。至於犬馬，皆能有養。不敬，何以別乎。

————— 2.7

人物介紹

　　子游：言偃，字子游，亦稱言游，吳國人，是孔子七十二弟子中唯一的南方人，後學成南歸，道啟東南，對江南文化的繁榮有很大的貢獻，和子夏同列文學科。

白話解釋

　　子游問孔子應如何盡孝道。孔子回答：現今一般人所說的孝是能奉養父母，父母在世時能夠供給食、衣、住、行，讓父母生活無虞，然而這就是孝嗎？如果能奉養父母是孝，那麼犬馬也都能以體力服侍主人，像是犬能守夜，

馬能代勞，這也是能養。犬馬跟人的區別在於，犬馬雖然皆能有養，但不知敬。如果人子只能奉養父母，而不能恭敬父母，這與犬馬有何分別呢？

章旨

此章是孔子論孝，固應注重奉養，更應著重敬心。

▌ 唐瑜凌老師開解

一、認識子游

子游是孔門十哲之一，小孔子四十五歲，孔子過世時，子游大概才二十八歲。子游在孔門四科中列為文學科的代表，對禮很有研究，眾弟子們如果對禮的認知有分歧時，以子游的話為準。子游知道禮是利他的行為，禮的本質是仁，仁的本質在孝，利他的行為如果不是在孝道上講究，則不能夠真正的利他，所以子游問孝，就是在問禮最根本的本質。

二、子女養父母沒有恭敬，那與犬馬養主人沒有差別

「子游問孝。子曰：今之孝者，是謂能養。」孔子說在這個時代，人們認為能夠扶養父母親就是孝順，這是孝道的第一個層次「口體之養」。

「至於犬馬，皆能有養。不敬，何以別乎。」狗能幫忙看家、防範盜匪，馬能運載人員與貨物，犬馬或是牛羊都對主人有利益，當孝子只是口體上的能養父母，卻沒有恭敬心，則跟犬馬能供養主人沒什麼差別。

三、為何要恭敬父母？

從兩千多年前到現代，一個孝子能夠扶養父母已經很難得了，但我們更要取法古人，懂得恭敬父母親，因為父母生我、養我、育我，恩德重大，當然要表達恭敬，擴展開來，才會對有恩於我們的人表達恭敬與感恩，當人人懂得感恩，才能改變自己命運，獲得別人的賞識，社會風氣才會淳厚。

《論語》四百九十八條，都是孔子形而上的學問，以及入世間形而下趨吉避凶之道，但要從孝道做起，不

僅孝養父母，更要在言行上恭敬父母，不能夠言語頂撞、態度傲慢、說話沒分寸。須知孝道是讓人趨吉避凶最根本的學問。

本章提問

一、子游在孔門座下，哪一方面表現特別突出？

二、人的孝道與犬馬對主人的差別是？

三、為何要恭敬父母？

第八章
奉侍父母要和顏悅色

子夏問孝。子曰：色難。有事，弟子服其勞。
有酒食，先生饌，曾是以為孝乎。

—— 2.8

字詞解釋

食：讀「飼」，飯食。

饌：吃喝。

人物介紹

　　子夏：卜商，字子夏，晉國人。孔門十哲之一，少
孔子四十四歲，善於文學，是春秋戰國時期有成就的儒
學教育家。

白話解釋

　　子夏問行孝之道。孔子回答：色難。即一般以飲食養父母，不算是難事，唯孝子和顏悅色侍奉父母，才是難得。一個孝子與父母相處時，心中和順欣悅，表現於外便是和顏悅色，此色是孝心的表現，能養父母之心，所以是難。舉例來說，老師有事，弟子就替老師服務，不避勞苦；弟子有酒食的時候，就拿來奉養老師。弟子事奉老師如此，如果為人子者事奉雙親，也是如此的話，這樣就叫做孝嗎？這樣還不算孝，必須以很愉悅的態度承順父母，在尊敬之中，表現父子間的感情、情分，這樣才能算是孝。

章旨

此章言為孝必須承順父母的顏色（色為父母之色）。或是孝子奉侍父母，要和顏悅色（色為人子之色）。

▍唐瑜凌老師開解

一、認識子夏

　　子夏是孔門四科弟子中文學科的代表，小孔子四十四歲，他在孔子過世以後，授教於西河，是魏文侯的老師。

二、孔子能因材施教

　　孔子是聖之時者也，講究時機、因材施教、循循善誘，在《論語》中，子游、子夏、孟懿子、孟武伯都曾問孝，孔子的答覆都不同，可見孔子的教學靈活。如果把《論語》中有關孝的經文統合做出架構，再配合《孝經》來看，就是完整的孝道，並能用於不同場合。

三、事奉父母親，和顏悅色很難得

　　「子夏問孝。子曰：色難。」和顏悅色很難。下面舉出「有事，弟子服其勞。有酒食，先生饌」，事奉老師要懂得恭敬，老師有事時弟子要代勞，比如做雜務、跑腿、招待、辦事等等。有酒肉飯菜，學生要請老師用，

這裡也可以看出學生們常常會供養老師，《論語》上說：「自行束脩以上，吾未嘗無誨焉。」束脩有三種，第一種是內心的束脩，即是恭敬求學的心意；第二種是行為的束脩，服裝儀容整齊；第三種是禮物的束脩，酒食就是其中之一。師生之間可以如朋友般融洽，也可以像父子般親密，例如孔子與顏回、李炳南先生與侍者、孔德成先生與學生，這些都是師生卻情同父子，而且學生都很有出路。

四、孝道面面觀

「曾是以為孝乎」，難道這就是孝嗎？意思是孝不只有口體之養，也不是前一章子游講的敬而已，更重要的是和顏悅色。從前後幾章的問孝中可知，盡孝要合乎禮，不可僭越；盡孝要懂得養生之道，不讓父母親擔心；盡孝要懂得奉養父母親，並表達恭敬；盡孝還要懂得和顏悅色，這時才能夠完整認識如何對父母親盡孝道。

所以孝道更重要的是能讓父母親心情愉快，孝子出門與人交往，也能通達人情世故，出路就在其中。

本章提問

一、《論語》中很多學生都曾問孝，孔子的答覆都不同，從中可以看出孔子是怎樣的老師？

二、「色難」可貴在哪裡？

三、結合《論語》其他孝道篇章，孔子所講的孝包括哪些內涵？

第九章
孔子的知音

子曰：吾與回言終日，不違如愚。退而省其私，亦足以發。回也不愚。

字詞解釋

省：讀「醒」，考察。

人物介紹

顏回：字子淵。春秋魯國人。孔門七十二賢之首，為孔門十哲中德行科之一。

白話解釋

孔子說：我與顏回談話一整天，顏回只是靜聽而無所怪問，好像愚者一樣不發一言。但談完話，顏回退出去之

後，我省察他私下與其他弟子的言談，他能夠把在我這裡聽聞過的道理加以發揮、深層探討，可見他聽聞的時候是聽在耳裡，記在心裡，對所聞義理順暢無礙。顏回，其實不愚。

> **章旨**
>
> 此章是孔子讚美顏子的穎悟通達。

▌ 唐瑜凌老師開解

一、談話一整天，感情就是那麼好

本章可看出孔子跟顏回的交情。「子曰：吾與回言終日」，孔子遇到顏回就像遇到知音，一開口可以說上一整天，包括研討經義、談論心得、人情世故的解說、各種道理的闡述等。

二、不違如愚，其實大智若愚

「不違如愚」課堂上顏回都安靜地聽聞，沒有違背孔

子，沒有提出問題，也沒有疑惑的表情，就像通通聽不懂。可是「退而省其私」，孔子私下觀察顏回，發現他不愚。私下觀察有三種，一是觀察他私下複習功課、溫習心得的狀況，二是觀察他私下辦事是否如理如法，三是觀察他與同學們的討論，是否真實知道孔子的旨趣。從表面看到內心，孔子發現顏回的不違如愚就像是大海全盤接受天上的大雨一樣，全盤了解。

三、顏回還可以發揮孔子的未盡之意

「亦足以發」就是顏回可以發揮孔子的未盡之意，包括把老師上課很難懂的道理，用淺顯易懂的語言、比喻去呈現，或是能引申孔子所說之道，讓大家廣泛的了解。可見顏回是一個「聞一知十」的人才。

前面說「如愚」，後面說「不愚」，到底是真愚還是大智若愚呢？依孔子的觀察，顏回不但私下能夠講清楚，還可以發揮引申、旁徵博引、深入淺出。所以孔子讚歎「回也不愚」。

四、最深的師生情

　　師生的感情從哪裡建立呢？第一種是學生私下照顧老師的生活、幫忙辦事，第二種是學生成為老師的知音，像是顏回了解孔子內心的想法，特別是經學上的見地，這比父子間的感情更深。所以伯魚過世時，孔子只是按照父葬子的禮葬伯魚；顏回過世時，孔子是「哭之慟」，哭得超過常情，就是因為知音難覓。

本章提問

一、孔子能與顏回談論一整天，所談的內容是什麼？

二、孔子教學很有經驗，他私下能從哪些方面觀察出顏回的不愚？

三、顏回課後能闡述孔子的未盡之意，包括哪些？

第十章
觀察別人的方法

子曰：視其所以；觀其所由；察其所安。人
焉廋哉，人焉廋哉。

—— 2.10

字詞解釋

廋：讀「搜」，隱藏。

白話解釋

　　孔子說：如何知人，以三個面向觀察人就是知人的方
法。一是看此人平常所做的事，這是從近處看，然而只看
眼前的事，尚不足以了解此人。所以二是觀非常之事，是
從遠處看此人如何辦事，亦即由過去的特別事跡，進一步
認識此人。三是就其前述所視所觀的事而言，詳查此人辦
完事之後，他的表情如何，內心是否以此為安，以明其本

意。知人很難，但用以上的方法，便能知道他是何種人，是君子，是小人，皆能顯然，所以一個人如何能隱藏他的居心？隱藏不了啊！

章旨

此章言知人之法。

▌唐瑜凌老師開解

一、本章講觀人法

《論語》有時教我們「自觀」，觀自己的狀況，找出自己的缺點和瓶頸，曾子的「吾日三省吾身」即是。還有一種是「觀人」，要找到良師益友，找到好的事業夥伴，學習觀人才能判斷出對方是君子還是小人。觀人不易，本章提出觀人法有三步驟。

二、觀人三步驟

觀人的第一步是「視其所以」，眼睛看他怎麼說、怎

麼做，比如說此人是要去辦善事、還是辦惡事；所做是否合乎常軌。

第二步是「觀其所由」，觀察此人這樣辦事的理由為何。好比忠臣勸諫國君時「犯顏而諫」，表相上是以下犯上，可是源於一片忠心，而小人是「巧言令色，鮮矣仁」，小人的甜言蜜語背後是討好、巴結、諂媚，這樣的人仁心很少，會禍國殃民。

第三步是「察其所安」，觀此人內心安在何處？例如此人作善事卻遭逢逆境，會不會因此對作善失去信心？或是看到學聖人之道的人，做了不如理、不如法的事情，是否就對聖人之道失去信心？或是學聖賢之道結果帶來貧窮，是否對聖賢之道也沒有信心了？如果被小人傷害，會不會還有平和的心，願意繼續往前走？這些都是察其所安。

三、人情無法隱藏

「人焉廋哉！人焉廋哉！」連講兩次，代表透過上述的觀察，由淺入深，從表面看到內裡，人情又怎麼能

隱藏得住呢！比如有些人作惡事，佔大便宜，僥倖苟且，內心得到很大的快樂，這一定是壞人、惡人、小人；有些人一輩子很安分、很善良、很誠實，可是卻落落寡歡，可見他不是真正有能力的人；有些人無論做善事得到順境，或者遭到逆境，都能心安理得，經過種種的觀察，發現此人有正確的認知，他一定是個善人、正人君子。

上述這三步驟需要有知識背景，需要通達人情世故，才能用正理去觀察，而有正確的判斷標準，這也是孔子的經驗閱歷，是他「六十而耳順」的能耐，都是從「觀其所由，察其所安」所培養的能力。

學習本章，讓我們知道聖人的成就極不簡單，必須累積諸多的學習，對治認知偏誤，除掉各種過失，成就各類學問，才有精彩的人生。

本章提問

一、本章言觀人法，觀人的三步驟是？

二、「察其所安」的內涵包括哪些？

三、「人焉廋哉」為何要講兩遍？

第十一章
成為老師的方法

子曰：溫故而知新，可以為師矣。

白話解釋

（解法一）

孔子說：已經讀過的書，加以溫習讀誦思維。尚未讀過的書，現在研讀，以求了解書中所載的事理。隨時吸收新知，而又研究已得之學，如此好學，可以為人師。

（解法二）

孔子說：學能時時溫習過去所聽聞，而每每有新的意思出來，愈溫習愈產生新意，推陳出新，則所學在我，學問的應用不會窮盡，故可以為人師。

（解法三）

溫故知新這句話可以作為我的座右銘，依此座右銘在日常中實行，則所學日益充實，這句座右銘可以當我的老師。

章旨

此章明為師之難。

唐瑜凌老師開解

一、溫習所學，並學習新知

「溫故知新」有三種解法，第一種是舊的要溫習，新的要學習。「故」包括過去所學各領域的學問、經典；「新」包括現在的時事、各領域的知識，還能用現在的語言與概念，補足經文的未盡之意，走入時代。我的老師李炳南先生是一位博古通今之人，博古包括博覽六經、古代的風俗、歷史的演變、聖人的見地；通今是他了解時代的發展、各領域的內涵，創造精彩的人生。「可以為師矣」，

是可以做自己的老師，也可以做引導他人走向康莊大道的老師。

二、溫習所學，能體會新意

第二種「溫故知新」，是複習舊的學問，可以生出很多新的意思。一方面是因為「書讀千遍，其意自現」；另一方面是因為學習了其它領域的知識，而能在溫習時產生了很多新的體會，也能比較深入地思考問題。這樣的學習對我們是最好的引導，叫做「可以為師矣」。

三、將溫故知新當成座右銘

第三種「溫故知新」，是把這句話當成我們的座右銘。子夏說：「日知其所亡，月無忘其所能。」「日知其所亡」是知新，隨著時代的進步，每天都必須學習新知，或者了解偉大的創見。「月無忘其所能」是溫故，透過不斷的複習，使學習不忘失。有這樣的座右銘，可以好好的引導自己。

溫故知新，淺者見淺，深者見深。李炳南先生說，

知新不是「趕風潮」，溫故不是「老腐敗」，所以他在弘揚經學的時候，很多觀念都能與時代接軌，能旁徵博引，以經解經。

善用溫故知新，人生會不斷地學習與成長，這樣的信念與性格，能夠改變被束縛的命運。所以溫故知新是趨吉避凶、趨利避害之道。

本章提問

一、溫故而知新，可以有哪三種解釋？

二、為何溫習所學，能體會新意？

三、子夏說「日知其所亡，月無忘其所能」，跟「溫故知新」有什麼關聯？

第十二章
使自己成為多功能的人

子曰：君子不器。

—— 2.12

白話解釋

孔子說：君子之學，不像器具那樣限於一種功用，而是有大事時，即做大事，有小事時，即做小事。凡有利於大眾之事，無論大小事，皆盡心盡力而為。是以君子求學，不以一器自限，而須博學多聞。雖然博學多聞，猶不以器自許，而是把學到的學問，用道來統合，志於形器以上的道，如此便是君子儒。

> **章旨**
>
> 此章是論君子不拘所用之學，即通達形而上的大道。

▌ 唐瑜凌老師開解

一、什麼是君子不器？

　　一個入世的君子，要培養各種能力，不要像器皿一樣侷限於一種功用，比如花瓶只有插花的功用、桌子只能承載東西、車子只能運載，君子不能被限定在一種功用中，他能夠辦大事、也能辦小事。

二、君子如何不器？

　　君子不會限制自己，因為他知道人有無限的可能，他願意廣泛學習、廣博聽聞，突破瓶頸障礙。與人相處時，懂得運用各種善巧方便，方法愈善巧，辦事或治理團隊的能力就愈強，周公便是依著他的公心與能力，建立周朝八百年的天下。

　　往往治理一個團隊或企業，或是治理一個縣，甚至是一個國家，領導者的能力愈多，愈能夠帶來團隊的出路。孔門教育注重培養能力，除了日用平常實踐所學，更重要的是多聞，顏回說夫子能夠「博我以文」，即孔子能夠以典籍充實學生廣博的見識，透過廣博聽聞各種

道理，建立正確的知見，發揮各種能力，這是君子不器的第一種的講法。

三、另一種的君子不器

第二種的君子不器是講形而上萬事萬物的本體論，「不器」的君子，知道器沒有自體性，所以能依據不同的狀況，發揮不同的功能。比如面對孩子發揮父母的功能，上班時發揮領導者或是部屬的功能。只有通達形而上的君子，入世間才能依據觀察對待的對象不同，發揮恰到好處的功能。因為依據本體論，萬事萬物皆無法獨自成立，依著不同的環境、時空背景、因緣條件，要有不同的做法，必須觀待而起、相對而論。

李炳南先生說，古代有古代的辦法，現在有現在的辦法，要知道時代的變動，不能一味地遵古或拘泥，大清帝國就是亡在無知。所以君子不器要靠「溫故而知新」，才能夠打破瓶頸與束縛，透過深入、熱情的學習，創造無限的可能，如同顏回在孔子座下學習且欲罷不能。有目標，願意突破困難，帶來家庭、社會、國家的欣欣

向榮，這就是君子的價值與能耐。

本章提問

一、入世的君子，要培養哪些能力？

二、「君子不器」如果是講形而上萬事萬物的本體論，

應如何解釋？

三、君子如何打破自身的瓶頸與束縛？

第十三章
維持信用與言語價值的方法

---

① 子貢問君子。子曰：先行，其言而後從之。
② 子貢問君子。子曰：先行其言，而後從之。

白話解釋

（解法一）

　　子貢請問孔子，怎樣做才能成為君子。孔子回答：事情先做出來，後面言語再跟從，如此言從其行，能避免言過其行。若能言行相符，即是君子，若言而不行，是君子所恥。

（解法二）

　　子貢請問孔子，怎樣做才能成為君子。孔子回答：君子行為要先兌現言語所說，而且是說得少，做得多，所謂

微言而篤行，行必先人，言必後人。

▎唐瑜凌老師開解

一、子貢為何要問君子？

　　子貢善問，此處他問君子，因為君子是做人處世中很重要的形象跟內涵，如果領導者不是君子，部屬不會擁戴，人民也不會擁護；如果先生不是君子，妻子不會尊重，小孩也不會孝順，所以君子太重要了。但是如何定義君子？如何學習才能成為君子？君子有何價值？都要問清楚。我們可以整理孔子針對不同弟子所做的回答，來了解君子的全貌。

二、先做再說，言語謹慎，才能維持言語的價值

孔子本章說的是「君子先行，其言而後從之」，指能夠先做再說的人。無論辦事、做學問，要做得多、說得少，做了之後，講話還要保守，不能說得太滿，才能維持自己的信用與言語的價值。如果言過其實，信用破產，想要彌補都難，別人已不想再合作。

三、有些事情要先說再做

是言語在前還是辦事在前，這要看場合，例如身為一個團隊的領導者，為了確立辦事的動機、方法、意義，以及在過程中的檢討、改進，必須先說清楚才做。

本章言君子有各種面相，其中一個面相就是言行相應，言語重承諾，行為能夠符合言語。

本章提問

一、子貢善問，他為何向孔子問君子？

二、「君子先行，其言而後從之」的理由？

三、有些事情要先做再說，有些事情要先說再做，試舉例說明之？

第十四章
君子與小人有什麼差別？

子曰：君子周而不比，小人比而不周。

字詞解釋

周：為公。

比：讀「必」，偏私。

白話解釋

（解法一）

　　孔子說：有德的君子辦事為公而不為私。平時修養，亦是去其私心，存其公心。小人辦事，為私而不為公，無事時，心中所想的是有私無公。

（解法二）

孔子說：有德的君子常行忠信，而不私相結黨營私，小人則是常私相結黨營私，不忠不信。

> **章旨**
>
> 此章明君子小人之分，即在公私二字。

▌唐瑜凌老師開解

一、分清楚君子與小人的形象

《論語》中有許多篇章談及君子跟小人，可以看出兩者不同的形象，藉此幫助我們反省、進德修業，避免成為小人，還可以使自己親近君子、遠離小人，趨吉避凶，並且找到出路。

二、君子有公心，小人只有私心

「君子周而不比」，「周」指君子有公心，能夠替別人著想，「比」指小人只有私心。李炳南先生說，論人取

才要先論公心，否則能力愈大愈可怕，就像曹操、王莽的能力足以禍國殃民。這是君子跟小人的第一個差別。

三、君子和合團隊，小人結黨營私

「君子周而不比，小人比而不周」，「周」是和合，「比」是偏於自黨，君子能夠跟大家和合，小人則是偏於自黨，凡是對於自己有利則喜歡，沒有利益則排擠，這是君子跟小人的第二個差別。

四、君子忠信，小人不忠不信

第三種解釋，君子周，就是想著忠信，是可以交往的質地；小人比，就是只想維護自己，不忠不信。

五、君子合乎義理，小人講究私利

第四種講法，君子所作所為合乎義理，因為義理是一個普世價值；小人則講究私人利益。君子面對境界時，所呈現出來的心態、為人與風格皆跟小人不同。

本章教我們判斷自身及他人是君子還是小人，幫助

我們進德修業。《論語》有時講原則、有時講作法、有時講心態，雖然沒辦法講得很細微，但是以這些原則來處世，結合在日用平常、說話辦事、待人接物，做多面相的觀察，或者補充世間各領域的知識，都能有更深的體會。

本章提問

一、君子跟小人的差別有哪些？

二、本章如何幫助我們進德修業？

第十五章
學思並重有什麼好處？

子曰：學而不思則罔，思而不學則殆。

— 2.15

字詞解釋

罔：罔然或誣罔。

殆：同怠，精神疲怠的意思。另也解為疑殆或危殆。

白話解釋

（解法一）

　　孔子說：讀書而不尋思書中的義理，則罔然無所得，等於沒學。只有自己憑空思考，而不學習，雖竭盡心力思考，卻不能符合先哲中正之道，無知妄作，恐怕會危害自身。

（解法二）

孔子說：讀聖賢書，學聖賢道，而不加以思考其義理內涵，以致行為乖僻，就冤枉了聖人的學術。只有自己憑空思考，而不學習，則對行事無所依據，故疑而不決。

> **章旨**
> 此章論學、思，不可偏廢，而應雙管齊下。

▌唐瑜凌老師開解

一、學而不思的問題

學很重要，有求學、有教學。求學當中不但要問得清楚，還要能思辨，思辨後還要去實踐，並檢驗所學是否正確。「學而不思則罔」，「罔」可解釋為罔然，學無根底，缺乏分別能力，這種學是沒有用的。或者解釋為誣罔，因為觀念不清，所以會從表面的意思去污衊聖人。舉例而言，孔子說：「唯女子與小人為難養也。」如果不去思辨分析，只單純從表面的意思去理解，這句話就說不通了。

二、思而不學的問題

很會思考、思辨，但不去學習、閱讀、聽課則無用。就像上網滑過很多資訊，卻未經檢驗、未抉擇內容的對錯，未仔細的閱讀，其實都是枉然。

「思而不學則殆」，苦思而不學，則會產生疑惑，不知所以然。殆也有感到疲勞的意思，比如王陽明以為格物就是格盡天下的道理，於是他去格竹，格到吐血才知道不對。殆還有危殆之意，比如見到自私的人出人頭地，以為自私是對的，這樣的想法非常危險。

三、學思並重

我們應該要在學中思辨，不斷檢驗，使所學牢靠且連貫，這樣的學能夠旁徵博引、博古通今，不會罔然、茫然，也不會誣罔聖人，更不會有危險，或者感到疲勞，而是真正弘揚道統跟傳承道統的學，也是能夠幫助他人提升的學。

本章提問

一、「學而不思則罔」，「罔」有幾種意思？

二、「思而不學則殆」，「殆」有哪些意思？

三、如何學思並重？

第十六章
雜學到底好不好？

子曰：攻乎異端，斯害也已。

白話解釋

（解法一）

孔子說：做學問，善道有系統，雖然學習的東西不同，但是最後皆歸於善道。例如學禮樂，是殊途，但同歸於善道。治學，若專攻雜書，專門學習雜亂的學術思想，最後歸向的目標不同，這對學習是一大傷害。

（解法二）

孔子說：治學，若專學各種奇巧的技藝，最後歸向的目標不同，這對學習是一大傷害。

（解法三）

　　孔子說：治學，若兼攻兩頭學問，都不專精，最後歸向的目標不同，這對學習是一大傷害。

> **章旨**
>
> 此章禁人雜學也。

▋ 唐瑜凌老師開解

一、異端指各類知識奇巧技能

　　「攻乎」，攻是專攻，「攻乎異端」即專攻世間的各項技能知識。世間各領域的學問固然重要，但若花費太多時間學習小道、雜書、技能，往往對經學的深入與研究有害，且無法確立中心思想。世間學問可以做為經學的補充、發揮與引申，如果專攻於其中，反而妨礙了學習經學的主流。

二、異端也指兩端

異端比如事理兩端，只在乎事不在乎理；或者只在乎理不在乎事，都有害，因為事相的本質是理，理要靠事才能實踐。例如孝順父母，事相上我們可以虛寒問暖、口體之養，但是在理上，必須要了解父母的需求、孝道的道理、磨練自己的耐性、聆聽父母的教誨、知道父母的恩德，乃至於知道孝順是通達人情世故的開始，道理愈明白，行孝就愈自然、愈得體，所以不能只講究事相，還要了解道理。反之，心裡面只講究道理，想著要孝順父母，卻不在行動、言語上表現也不行。

情理（禮）兩端也都要兼顧。理（禮）用在家庭中要著重在情，對外的理（禮）要合乎道理，所以情理（禮）兩端必須兼具。孔子在家鄉時是「恂恂如也，似不能言者」，很溫恭像不會講話，因為在家裡是聽教訓、在家鄉是論輩份，在宗廟朝廷是議論公事，不同場合有不同的禮。

好壞兩端也要看場合，例如古代社會，女士不能伸手與男士握手，但是現代可以。用餐禮儀在東西方也有

不同，中國是圓桌，外國是長桌。所以不能用古禮來要求現代人，只講求一端那就有害了。

孔子是能叩其兩端而竭盡之人，把兩端弄清楚，才知道要怎麼抉擇。從本章可知，孔子是一個活潑靈活、處世圓融的人，不會只在一端上講究。

三、異端不是指楊墨學派或佛老思想

有的註解認為楊墨與佛老是異端，其實孔子在講這句話的時候，楊墨還沒出生，佛法也還沒傳入中國，而且孔子對老子是「其猶龍乎」的讚歎。本章告訴我們，學習世間各領域知識要有利他的中心思想，要導向為他人謀求出路的正道。在高科技時代，如果不能為人類帶來幸福與生活的便利，缺乏關懷別人的心量，往往只會造成人跟人之間的對立與衝突，因此除了學習科技的那一端，也要學習文化的這一端。

本章提問

一、異端可以有哪幾種解釋？

二、事理要如何配合？

三、異端可以解釋為楊墨學派或佛老思想嗎？理由為何？

第十七章
怎樣才是真知道？

子曰：由，誨女知之乎。知之為知之，不知
為不知，是知也。

字詞解釋

誨：教導。

女：音義同「汝」，你。

知：本章知讀「之」，知道的意思；最後一個知字音義同
「智」。

人物介紹

　　仲由：字子路，魯國人，孔子弟子，少孔子九歲，曾
任衛國大夫孔悝的邑宰，名列孔門十哲的政事科。

白話解釋

孔子說：子路，我教你的道理，你能知道嗎？你知道哪些學問就說知道，不知道就說不知道，這就是有智慧。真正的真知，須經過博學、審問、慎思、明辨、篤行，方能得到。

> **章旨**
>
> 此章言孔子教子路，知道是屬於博學的知？還是審問的知？還是慎思的知？還是明辨的知？還是篤行的知？須虛心求知，不可強不知以為知。

▌唐瑜凌老師開解

一、認識子路

仲由，字子路，小孔子九歲，魯國人，孔門政事科代表，曾經做過季孫大夫的家臣，幫助孔子為官時治理魯國。孔子墮三都時，執行者就是子路，可惜三家大夫著眼於自家利益，導致功敗垂成。孔子周遊列國，子路一路相

隨，與孔子有深厚的革命情感，後來他死於衛國內亂，為了保護衛國孔悝大夫而被斬成肉醬，孔子聽聞他的死訊，在庭院放聲大哭，從此不吃肉醬，師生情誼，令人動容。

二、博學、審問、慎思、明辨、篤行的知

「由，誨女知之乎」，孔子教導子路，你懂得什麼叫做知嗎？就是「知之為知之，不知為不知」，我所教你的，知道你就說知，不知道你就說不知。

此處的知，第一是「博學」的知，除了廣博學習各領域的知識學問，還要配合經學、史學、文學，來豐富自己的內涵，了解做人處世的道理。第二是「審問」的知，是把問題問明白的知。第三是「慎思」的知，謹慎思考各面向的知，從正反兩面去了解，看哪一種才真正符合經典的道理。第四是「明辨」的知，透過分析討論，清楚辨別界定經典當中不同的涵意。第五是「篤行」的知，在實踐中得到領悟。

三、不知則說不知

對於事情表象、內涵、道理，如果不知道，就說不知道，能夠真正表明自己的無知，才會就教高明來修正自己，就像《論語》中說「就有道而正焉」，這也是有智慧者求取知的方法。

《中庸》說，大家都以為自己知道，可是往往被引入陷阱裡，不知逃避。例如大家都知道名聞利養很可怕，跟小人相處很危險，卻往往去追求名利，喜歡聽甜言蜜語，為了滿足私利而與小人為伍，最後人財兩失。所以真正的知是懂得斷惡修善、趨利避害、趨吉避凶，才能夠帶給自己與他人的出路。

四、子路並沒有強不知以為知的毛病

有人說本章是孔子針對子路強不知以為知的毛病來告誡，其實不然，子路雖然好勝心強，但那是想要努力實踐於道義的好勝心，而且子路是聞過則喜之人，只要有人舉出他的過失或偏誤，他會很高興地接受，所以孔子如此教導子路，並不代表子路有這樣的毛病。

本章提問

一、什麼是真知？

二、真正的知會帶來什麼好處？

三、本章孔子是否針對子路強不知以為知的毛病加以告誡？

第十八章
保住大福報的超級妙方

子張學干祿。子曰：多聞闕疑，慎言其餘，
則寡尤。多見闕殆，慎行其餘，則寡悔。言
寡尤，行寡悔，祿在其中矣。

— 2.18

字詞解釋

干祿：求取祿位即官位。

闕：空缺存疑。

殆：危疑不安。

人物介紹

　　子張：複姓顓孫，名師，字子張，陳國人，孔子弟子，
才智高遠，小孔子四十八歲。

白話解釋

　　子張請教老師關於從事政治、求取祿位的方法。孔子回答：辦政治首須博學，在廣學多聞中，對事情如果不能完全了解或有所疑問時，可以從闕不談、存疑不論，切不可以妄加論斷。存疑之外，其他有把握的才說，言語要恰到好處，不可多說，多言則不免有過失。

　　所見雖然不少，但尚有不安心不確定的事情，亦須從闕不做。其他無疑惑的事，也必須謹慎而行，恰到好處，無過無不及，如此則少後悔。

　　言語少過失，行事少後悔，這樣就是可以辦事的人，俸祿官位自在其中。

章旨

此章言語行事寡尤寡悔即是得祿之法。

▌唐瑜凌老師開解

一、認識子張

　　子張小孔子四十八歲，是孔子的後期弟子，孔子過世後，子張成為孔門八大派其中之一，可見其努力與用功。曾子也讚歎子張：「堂堂乎張也！難與並為仁矣。」意即子張相貌堂堂，這種人的仁心是難以跟他相並的，可見子張是一個大器之人。子張五十七歲過世時，曾子顧不了自己正在服喪，穿著喪服趕去弔祭這位朋友，可見兩人的情誼深厚。

二、為何要學干祿？

　　「學干祿」，「學」是問，「祿」是求祿位，即子張問如何在國家當官求取俸祿。孔子勉勵弟子「學而優則仕」，學問如果能夠拿來利益天下蒼生，才是真學問，而做官辦政治最能利益蒼生，這也是君子培養能力的出路，所以君子不但有公心，還要從百姓的需要中去培養能力，解決民生的困苦。

三、如何得到祿位？

孔子說「多聞闕疑」才能得到祿位。「多聞」是要聽得多，包括經學、技能、禮樂、科學、世間各種知識觀點，乃至在辦事時多聽意見。「闕疑」是在聽聞當中，保留疑問處，並去分析對方引用的數據資訊量是否足夠？是對的還是錯的？是否以偏蓋全？

「慎言其餘」，就算有十成把握，也要謹慎地說；「則寡尤」，如此言語上的過失就會很少，別人對你就愈信任。《易經・繫辭傳》說，言行是君子禍福的樞機，言行講究，可以離禍得福。

「多見闕殆」，還要看得多，看他人如何辦事說話，不明白處要從闕保留，或是請教高明。「慎行其餘」，行為要根據經驗閱歷謹慎地做；「則寡悔」，後悔的事就會愈來愈少。

一般公司裡面的「董事」，就是要懂他人所講，並用言語來激勵士氣、撫平情緒、獎勵道德、懲治罪惡；而且看懂他人做事的利弊得失，看得愈多，愈能趨吉避凶，果然聽得多、看得多，又謹慎的說話行事，「祿在

其中矣」。《禮記》中就有選舉之法，選「言寡尤」跟「行寡悔」的人才，這樣的人一定會被推舉出來，即便沒有被推舉，在亂世中也能夠趨吉避凶。

本章提問

一、子張為何要學干祿？

二、得到祿位的方法是？

三、什麼叫作「董事」？

第十九章
如何成為令人信服的領導者？

哀公問曰：何為則民服。孔子對曰：舉直錯諸枉，則民服。舉枉錯諸直，則民不服。

———— 2.19

字詞解釋

錯：置。

諸：之於二字的合音字。

人物介紹

　　魯哀公：姬姓，名將，魯定公的兒子，是魯國第二十六任君主，在位二十七年。

白話解釋

（解法一）

魯哀公問孔子：如何做才能使百姓信服政府？孔子回答哀公說：舉用正直為公的人，廢置曲枉自私的人，人民由此蒙受利益，就會信服。倘若舉用曲枉自私的人，廢置正直為公的人，人民由此蒙受傷害，就不會信服。

（解法二）

　　魯哀公問孔子：如何做才能使百姓信服政府？孔子回答：舉用正直為公的人，將其地位放在曲枉不正直的人之上，不正直的小人就會受制於在上位的君子，不得為惡，如此人民就會信服。反之，若把曲枉不正直的人的地位放在正直為公的人之上，人民蒙受其害，就不會信服你。

章旨

三家執政已久，哀公頗不得意，故有此問。孔子答以舉錯之道為治國、使民信服的方法。人放對了，就是一盤活棋；人放錯了，就是一盤死局。

▎唐瑜凌老師開解

一、本章的歷史背景

魯哀公的「哀」，是他過世以後的諡號，用來表彰一生的功過。他在內亂中被三家大夫驅逐出境，雖然在位二十七年，魯國卻是走向衰弱。本章背景就是三家大夫專權，哀公不得百老姓擁護。

二、國君的重點任務在舉用人才

孔子以下對上告訴魯哀公，國君不用事事親力，重點在知人善任，像大舜就是謹慎要求自己、提升自己，而且知人善任，所以能夠創造太平盛世。舉用正直、有公心的人，安置在小人或自私者上，小人就不敢為非作歹，君子可以運用他的能力來利益人民，老百姓就會佩服，願意擁護國君，解決魯哀公施政的困難。

當時齊國陳恆弒齊景公，孔子請魯哀公出兵討伐亂臣，魯哀公不肯，可見其雖有心振作，仍太懦弱。孔門弟子中如顏回、曾子、仲弓等都是正直的人才，如果都能被魯哀公所用，一來可以壓制僭越的小人，二來可以

推展大道，一定能讓魯國的政治局面改善。

三、舉用自私的人，人民就不服從

　　有心要利益國家的君子，如果都被安置在小人之下，則無法發揮其才能，社會風氣就會講究私利，而不在乎老百姓的出路，或致使百姓顛沛流離、受苦受難，老百姓也就不會服從國家。

　　本章告訴我們，國君的用人之道才是老百姓的民心所在。必要時要除掉無惡不作的小人，就像孔子殺少正卯，而有些小人只要將他安置在君子底下，他就能夠安分守己，不敢為非作歹，這也符合孔子的尊賢而容眾之道。善用智慧跟寬厚，用得如神，才是讓人民信服的方法。

本章提問

一、魯哀公諡號為哀的理由？

二、魯哀公何以有本章之問？

三、本章言舉用人才的關鍵是？

第二十章
改善人民素質與風氣的方法

季康子問：使民敬忠以勸，如之何。子曰：臨之以莊則敬，孝慈則忠，舉善而教不能，則勸。

人物介紹

季康子：季桓子之子，屬於魯國三家大夫中的季氏，是三家大夫中最有權勢者。

白話解釋

季康子請教孔子：如何使人民對上位者恭敬忠誠，彼此勸勉為善？孔子回答：國君以莊嚴的態度面臨民眾，百姓自然就對國君恭敬。國君以孝道教導人民，並能慈愛百姓，人民自然盡忠。國君能舉用善人，又能教化不能之人，

則人民自能互相規勸導正，是謂不勸之勸。

█ 唐瑜凌老師開解

一、本章歷史背景

　　季康子是魯國的權臣，從季文子、季武子、季平子、季桓子到季康子，季氏家族五代專權，到了季康子，已經掌握魯國二分之一的稅收與二分之一的軍隊，從來不把魯君看在眼裡，所以上行下效，各自追逐自己的利益，形成魯國爾虞我詐的風氣。

二、季康子問的是為政要領

　　「使民敬忠以勸，如之何」，「使民」就是為政者領導老百姓，讓老百姓把政策當一回事，能夠互相勸勉，

效忠國家。輿論的力量是一種風氣，比國家的法令還重要，當輿論形成力量，不容許不仁不義不忠不孝的事或人，大家就不敢為非作歹，這些都是為政的要領。

三、孔子精要地說明為政方法

孔子教導季康子為政的方法，第一個是「臨之以莊則敬」，上位者莊重，老百姓就會恭敬，莊重來自於說話算話、有為有守，能夠自我要求；再者「孝慈則忠」，在家盡孝，以身作則來教百姓盡孝，並且把百姓當成家人般慈愛，為他們謀出路，百姓安居樂業就會效忠國家。

「舉善而教不能，則勸」，找到好的典範教導大眾為善、找好的老師教育學生向學、找好的人才團隊來辦政治，風氣就會慢慢變化，舉出有德有學的典範，使百姓互相勸勉，輿論的力量就會讓社會秩序回歸到正軌。

本章提問

一、季氏一家在魯國有什麼樣的權力？

二、孔子說明為政方法有哪三個？

三、孔子三答皆是希望季康子用什麼方法去領導人民？

第二十一章
推展孝悌是辦政治的根本

或謂孔子曰：子奚不為政。子曰：書云：「孝乎惟孝，友于兄弟。」施於有政，是亦為政，奚其為為政。

字詞解釋

奚：何。

白話解釋

　　有人問孔子：你為何不去做官辦政治？孔子引《書經》回答：「孝啊，只有孝，孝講淺處時還可以用言語形容，講到深處，簡直只能心領神會，在家須行孝悌之道，孝順父母，友愛兄弟。」推行孝悌就是為政之道，就是辦政治之本，何必要當官才是為政。

▌唐瑜凌老師開解

一、本章歷史背景

本章歷史背景有幾種說法，一說可能是魯昭公被三家
大夫逼迫出走至齊國，以至於魯國沒有國君，孔子便不願
意在魯國為政；也有可能是魯定公在位，三家大夫同樣專
權的時期；又或者是孔子周遊列國回到魯國，因為魯哀公
還是受制於三家大夫，所以孔子不為政。上述古注所考證
的時間皆有可能。

「子奚不為政」，有人問孔子為何不作官辦政治？
可見孔子曾被魯君或三家大夫禮請，因為孔子的學問能
撥亂反正，能培養人才團隊，用禮樂教化改良風俗。像
孔子治理中都一年，就達到路不拾遺，夜不閉戶，商業

買賣都能貨真價實，物美價廉，可見孔子的為政能力。

二、孔子引用《書經》經句的典故

　　書云：「孝乎惟孝，友於兄弟。」出自《尚書》的〈君陳篇〉，君陳是周公的兒子。周武王滅商以後，管叔、霍叔、蔡叔鼓勵商朝遺民造反，周公東征三年才盪平亂世，把這些暴民移到雒邑教化。後來君陳分封到東都雒邑，管理商朝遺民，這段話是君陳受封時，周公對他的教誨。

三、孝悌的功用

　　《孝經》裡說，孝可以修身、齊家、治國、平天下。孝道的功效，範圍實在太廣了！如果將各領域的學問能力都導歸於孝道，不但能讓祖先與父母親很體面，在祭祀時還可以報德。若用孝道把天下當成家來經營，謀一天下之福如謀一家之福，這是不得了的領導人。所以說：「孝啊！只有孝啊！」古代是大家庭，能夠調和凝聚家族，「友于兄弟」的人，是不簡單的人才。

四、孝悌之道可用於為政

「施於有政」意思是以孝悌之道將家庭的事情辦好，「是亦為政」，在國裡面才能把國家的政事辦好、管理好眾人的事，因為孝悌之道就是為政的根本，可以改善風氣，真正辦出利益大眾的政治。「奚其為為政」，何必一定要作官才是辦政治？意即孔子不會出來為政。

為政包括禮樂教化、能力培養、知人善任，最重要的是風氣的經營；若風氣不好，光有名聲無用。像齊國百姓雖然生活過得不錯，但是作姦犯科比比皆是。民生之道要導歸百姓以孝悌為本質，天子、國君、大夫要作表率，推展孝友之道，使人人能夠善盡本份，發揮公心。

本章告訴我們，真正辦政治的人，如果沒有讓家庭和樂，辦政治是有缺憾的，因為國以家庭為根本，好好經營家庭，就是辦政治的開始。孔子在此處雖然婉拒出來作官為政，但內心是「沽之哉，沽之哉，我待賈者也」，等待時機、等待明君良相，渴望走出家庭來利益國家天下。

本章提問

一、本章的歷史背景有哪幾種說法？

二、「孝乎惟孝，友于兄弟」是什麼意思？

三、孝悌之道跟為政有什麼關係？

第二十二章
沒有信用到哪裡都走不通

子曰：人而無信，不知其可也。大車無輗，
小車無軏，其何以行之哉。

—— 2.22

字詞解釋

輗：駕牛車（大車）所用的牛軛兩頭與車槓扣合的關鍵。

軏：駕馬車（小車）所用的馬軛兩頭與車槓扣合的關鍵。

輗、軏都是使車子能行走的關鍵。

白話解釋

　　孔子說：一個人如果沒有信用，其餘都無可取了。就
像是大車沒有連接轅端橫木的輗，小車沒有連接轅端橫木
的軏，少了此關鍵，車子無法行動。一個人沒有信用，妄
言妄行，到哪裡都行不通，一事無成，更談不上學道。

▌唐瑜凌老師開解

一、人沒有信用，一切都不可靠

「人而無信，不知其可也」，一個人說話不算話、承諾也不算數，他的話就不被當一回事，別人對他沒有信心，不會跟他共事，也不會提拔他，這個人就算很聰明、很勇敢，一切都不可靠。

二、孔子的說話藝術

孔子善於說話，本章他用比喻來顯明義理，「大車無輗，小車無軏」，古代的大車是牛車、小車是馬車，車上有直棍子叫做轅，牛馬身上有橫木，如果沒有金屬插銷扣住轅和橫木，車子根本無法運作；此就好比今日的汽車，若沒有汽油就無法行走。金屬的插銷、或者今日的汽油，

比喻的是人的信用，沒有信用的人，孔子說：「這樣不曉得還可以行嗎？」

「其何以行之哉」，孔子以活口氣來表達否定，沒有把話說死，讓人可以去反省，這是孔子說話的藝術。

三、守信的重要與權變

至今守信仍十分重要，《論語》上說「言忠信，行篤敬」、「言必信，行必果」，都是強調信用的重要，信用在辦政治、辦企業、與人相處，都是非常重要的德行，否則一生的成功會毀於一旦。

但守信也有權變的空間，當承諾不合於義時就不能遵守，像孔子在蒲地見到公叔氏準備叛亂，公叔氏大夫將孔子圍困，要他發誓不能回帝丘去向衛君告發此事，當時孔子答應了他，事後卻依然回到帝丘，因為不仁不義的盟約可以不作數。然而還是要先培養自己守信的質地，多讀書擴充知識背景、能活用聖賢的道理時，才可以權變。

本章提問

一、人若無信用，會有什麼過患？

二、孔子想以「大車無輗，小車無軏」說明什麼道理？

三、守信要如何配合權變？

第二十三章
守住禮的精神，做法隨時代增減

子張問十世可知也。子曰：殷因於夏禮，所損益，可知也。周因於殷禮，所損益，可知也。其或繼周者，雖百世可知也。

—— 2.23

白話解釋

子張請問孔子：十個朝代以後的制度變易如何，能夠預先知道嗎？孔子回答：殷朝建立天下以後，依照夏朝的禮制，把好的制度保留，不合時宜的禮制刪去，本來沒有而現在需要的禮制就增加補充。周朝建立天下以後，依照殷朝的禮制，該刪減的刪減，該增加的增加。從夏、商、周三個朝代可以看出來，三朝都是拿前代的禮制做增刪，以後別說是十個朝代，縱然是經過百個朝代也可以推知其演變。

▎唐瑜凌老師開解

一、百個朝代以後的事情，如何能知？

「子張問十世可知也」，有的注解說，「世」是三十年，十世是十個三十年，但依據經文中夏商周的陳述，夏朝之後商朝，商朝之後周朝，可知子張問的「十世」，指的是夏商周之後的十個朝代。孔子回答他，不只十個朝代，一百個朝代以後的事都可以知道。兩人所討論的重點，在於禮的變化。

二、禮要隨著時代的變化而有所增減

孔子說：「殷因於夏禮，所損益，可知也。」湯王伐夏後，在商丘建國，國號商。後來盤庚遷殷，改為殷朝，所以商朝是因循夏朝的禮，包括典章制度、政令、儀式、社會習俗、人際之間進退應對的軌則，依著時代變化，該增加的要增加，該減少的要減少，這一定要有人才與知識背景，才知怎麼走入新時代，但本質上是從前朝引到後朝。同樣的，「周因於殷禮，所損益，可知也。」周朝也是根據商朝所立的禮而有所增減。

三、可知的是，精神永遠不變

「其或繼周者，雖百世可知也。」孔子說，接續周朝之後的一百個朝代都可知，朝代雖然不斷接替，做法上會有很多改變，但是不論怎麼變化，民族的精神要永遠延續。「五倫」就是中華民族的精神所在，在家經營孝悌之道，在外經營與朋友交往、與君臣上下的倫常，不管是辦政治、辦教育、辦企業都以此為目標，這樣的精神具有道統的源流，是以內聖外王為人生的目標，只

要本質不變，朝代雖然興替，民族永遠不亡，保留自己的民族文化，才是真正的立國之道。

本章提問

一、本章「子張問十世可知也」，「世」怎麼算？

二、什麼會隨著朝代變化？什麼不會隨朝代變化？

第二十四章
祭祀的心態與勇敢的定義

子曰：非其鬼而祭之，諂也。見義不為，無勇也。

—— 2.24

白話解釋

孔子說：不是自己的祖先，不應當祭祀而祭祀，是諂媚之舉。祭自己的祖先，是報答恩德。誠心祭之，如此孝心，自可獲福。而他人祖先有他自己的子孫，不需外人去祭祀，若不合理地去獻諂媚，想求得不當的好處，是不會被福蔭的。見到應該做的事情而不去做，就是沒有道德勇氣。

▌ 唐瑜凌老師開解

一、祭祀要看身分才不諂媚

　　「鬼」指家中過世的人，例如父母親、祖父母等，也
可以引申到外面的天地山川神明。「非其鬼而祭之」，意
即不屬於自己身分該祭拜的對象卻去祭拜，例如只有周天
子和魯君可以祭祀魯國境內的泰山，但季孫大夫只是大
夫，竟然像周天子一樣去祭泰山，如果泰山收了季孫大夫
的祭祀品、供品，就是不懂禮。

　　「諂」是巴結討好，求自身福報，實不應該，別人的
祖先自有其子孫來祭拜。一般說「弔祭」，弔是去安慰生

者，祭是祭拜死者，他人可以去喪家弔祭，至於供品的擺放、儀式的安排，決定權在其子孫手上，他人不可置喙。

屬於自己家裡面的鬼，或是外面合乎自己身分地位可以祭拜的神，這種祭祀是「報功邀福」，把功勞報告出去，表示有所作為，希望得到庇佑。鬼神也願意加被懂得感恩、盡本份的人，所以孔子說：「我祭則得福。」

二、辦事要合於義才是勇敢

「見義不為，無勇也。」義就是合宜，合於義則為，不合於義則不為。《大學》說君子要「以義為利」，合義才是利之所在，利益他人是給自己出路，就算眼前沒獲得利益，但大家會看重你，產生信心來擁護你，長遠來講還是有利的，這就是君子的眼光。

見到義而為叫做勇，見到不義而為，只是匹夫之勇。見義勇為，包括有人落難時去幫助他，自己努力學習與弘揚經學，就像孔子不計個人安危，幫助魯國解除危難，或是周遊列國，想把大道弘揚出去，是真正的勇氣所在。

本章提問

一、「非其鬼而祭之」，「鬼」指什麼？

二、為何祭祀能夠得到加被、得到福報？

三、真正的勇要以什麼作為判斷？

時哉傳家寶
每天 5 分鐘儒學家唐瑜凌陪你讀《論語》1 ——學而為政

作　　者/唐瑜凌

出版統籌/林蔚芳

美術編輯/孫珮茹

責任編輯/蕭惟元、唐微智、戴于山、潘秀鳳、孫珮茹

總 編 輯/賈俊國

副總編輯/蘇士尹

編　　輯/高懿萩

行銷企畫/張莉滎‧蕭羽猜

發 行 人/何飛鵬

法律顧問/元禾法律事務所王子文律師

出　　版/布克文化出版事業部

　　　　　台北市中山區民生東路二段 141 號 8 樓
　　　　　電話:(02)2500-7008　　傳真:(02)2502-7676
　　　　　Email:sbooker.service@cite.com.tw

發　　行/英屬蓋曼群島商家庭傳媒股份有限公司城邦分公司

　　　　　台北市中山區民生東路二段 141 號 2 樓
　　　　　書虫客服服務專線:(02)2500-7718、2500-7719
　　　　　24 小時傳真專線:(02)2500-1990、2500-1991
　　　　　劃撥帳號:19863813　　戶名:書虫股份有限公司
　　　　　讀者服務信箱:service@readingclub.com.tw

香港發行所/城邦(香港)出版集團有限公司

　　　　　香港灣仔駱克道 193 號東超商業中心 1 樓
　　　　　電話:+852-2508-6231　　傳真:+852-2578-9337
　　　　　Email:hkcite@biznetvigator.com

馬新發行所/城邦(馬新)出版集團 Cité (M) Sdn. Bhd.

　　　　　41, Jalan Radin Anum, Bandar Baru Sri Petaling,
　　　　　57000 Kuala Lumpur, Malaysia
　　　　　電話:+603-9057-8822　　傳真:+603-9057-6622
　　　　　Email:cite@cite.com.my

印　　刷/韋懋實業有限公司

初　　版/2021 年 09 月

定　　價/300 元

ISBN / 978-986-0796-36-0(平裝)　　EISBN / 978-986-0796-38-4(EPUB)

城邦讀書花園　布克文化
www.cite.com.tw　WWW.SBOOKER.COM.TW